Mentale Stärke
Band 1
Das Buch zum Wiener Kongress

Impressum:
© 2012 und Herausgeber: Verlag für mentale Stärke GbR
Internet: www.mentalkongress-wien.at
Alle Rechte vorbehalten
Cover: glanzform.at/Johanna Sponsky
Satz & Druck: DGS-Druck- u. Graphikservice GmbH Wien,
www.BuchDrucker.at
ISBN: 978-3-200-02783-1
1.Auflage 2012

Vorwort

Ist mentale Stärke neben dem Spitzensport auch in anderen Bereichen des Lebens relevant? Das ist das Motto, unter dem der 1. Wiener Kongress für mentale Stärke stand. Die bei dieser Veranstaltung präsentierten und angewandten Erkenntnisse und Methoden sind Inhalt dieses Buches, das von einem Großteil der mitwirkenden Wissenschaftler, Trainer, Coaches, Sportler und Unternehmer geschrieben wurde.

Vorweg ist vielleicht diese Frage interessant: Was genau ist denn nun mentale Stärke?

In den letzten Jahrzehnten erkennen immer mehr Spitzensportler, dass ihre mentale Stärke letztendlich entscheidet, welche Ergebnisse sie erzielen. Viele verbinden daher mit mentaler Stärke nur die Begriffe „höher, weiter, schneller"! Mentale Stärke geht jedoch weit darüber hinaus.

Mental starke Menschen wissen sehr genau, was ihnen wichtig ist und sind daher in der Lage, überlegt und gezielt zu entscheiden. Sie bewahren in schwierigen Situationen die Ruhe, gehen mit Stress-Situationen souverän um. Sie lassen sich von Rückschlägen nicht entmutigen, sondern finden immer wieder neue Lösungsansätze. Ausnahmekönner in jedem Bereich sind zu hundert Prozent fokussiert auf das, was sie tun. Mentale Stärke ist letztendlich eine Fähigkeit, die den erfolgreichen und glücklichen Menschen in allen Phasen seines Lebens begleitet.

Der Wiener Kongress und auch dieses Buch zum Kongress ist für Unternehmer und Führungskräfte gedacht, um selbst mental stärker zu werden. Aber auch für Menschen mit hohen Anforderungen aus anderen Bereichen, die ihr Potenzial ausschöpfen wollen und für Personalisten wie auch Trainer und Coaches, die einzelne Methoden in Seminaren und Coachings einsetzen wollen. Beim Kongress waren etwa fünfzig Prozent der Teilnehmer Führungskräfte aus Unternehmen verschiedenster Branchen. Die restlichen TeilnehmerInnen setzten sich aus den Bereichen Training/Coaching, Kunst und Sport zusammen. Wir verstehen das auch als Signal, dass Unternehmen beginnen, sich für das Thema verstärkt zu interessieren.

Das Highlight des Kongresses war wie erwartet der Hauptvortrag von Prof. DDr. Manfred Spitzer. Es gelingt ihm durch seine begeisternde Vortragsweise komplexe Inhalte so klar und einfach zu transportieren, dass es immer wieder ein Genuss ist ihm zuzuhören. Wir freuen uns den Vortrag von Prof. Spitzer in diesem Buch als Interview zu präsentieren.

Die vielen unterschiedlichen Workshopthemen geben uns die Möglichkeit, in diesem Buch sehr unterschiedliche Herangehensweisen an das Thema darzustellen. Wir wünschen Ihnen als Leser viel Spaß beim Lesen und noch mehr wünschen wir Ihnen viel Erfolg bei der Umsetzung!

Wir haben uns entschieden, in diesem Buch aufgrund der einfacheren Lesbarkeit auf die Korrektheit der Schreibweise in Bezug auf Gender Mainstreaming zu verzichten. Alle Ansprachen in „männlicher Form" verstehen sich jedoch gleichermaßen auch für die „weibliche Form".

Ihre Kongressveranstalter
Michael Altenhofer und Werner Schweitzer

Inhaltsverzeichnis

Vorwort 3
1) Einleitung Harald Janisch 7
2) Gedanken, Gefühle, Bilder, Handlungen (Manfred Spitzer) 23
3) Bewusstsein für Erfolg (Bernhard Moestl) 37
4) Zeit (Werner Schweitzer) 45
5) Erinnerungen als Motor (Michael Altenhofer) 63
6) Bausteine der Gelassenheit (Petra Baumgarthuber) 69
7) Inner Game (Werner Schweitzer) 87
8) Bewegung als Energiequelle (Michael Altenhofer) 97
9) Shinergy (Ronny Kokert) 111
10) Kompetenter Umgang mit Drucksituationen
    (Andrea Szekeres-Haldimann) 119
11) Die Kraft der Worte (Paul Lürzer) 127
12) Der Königsplan (Stefan Kindermann) 137
13) Kraft des Scheiterns (Gerhard Scheucher) 147
14) Die Kunst sich selbst zu lieben (Beatrix Schwärzler) 161
15) Ein Leben im Flow (Kristin Walzer) 171
16) Live Coaching
    (Werner Schweitzer und Michael Altenhofer) 183
17) Meditation zu mehr Selbstwert (Thomas Tschernitschek) 193
18) Podiumsdiskussion 199
Nachwort 220
Autoren 223

MENTALE BERATUNG –
psychoneurobiologische Intervention zur Optimierung von Geist und Körper
(von Harald Janisch)

"Die Zeit wird kommen, wo unsere Nachkommen sich wundern, dass wir so offenbare Dinge nicht gewusst haben."
Seneca

1) MENTALE BERATUNG –
psychoneurobiologische Intervention zur Optimierung von Geist und Körper

Seit einigen Jahren boomt der Markt für Mentalberatung. Immer mehr Menschen aus den unterschiedlichsten Berufszweigen fühlen sich berufen und befähigt, mentales Training gewerblich anzubieten. Hier die Gruppe der Strukturvertriebe, dort ein Unternehmensberater, auch Spitzensportler gesellen sich dazu, da sie selbst erlebt haben, wie mentale Programme ihre Höchstleistung optimiert haben und letztlich Mental-Berater, die in Österreich unter dem Gewerbe der Lebensberater als psychosoziale Berater zu dieser Tätigkeit auch gesetzlich befugt sind.
Man könnte fast den Eindruck gewinnen, dass sich das klassische Motivationstraining der vergangenen Jahrzehnte zum Mentaltraining gewandelt hat und weil hierbei sehr viel Geld umgesetzt wird, versuchen sich die unterschiedlichsten Anbieter unter dem Deckmantel des Mentaltrainings zu etablieren. Teilweise hat dieser Trend schon groteske Blüten hervorgebracht, so etwa im Frühjahr 2012, als eine österreichische MentaltrainerIn öffentlich Spitzensportler wie den Formel1-Superstar Sebastian Vettel oder den „Ski-Herminator" Hermann Maier als ihre Klienten „outete". Damit sollte vermutlich der Öffentlichkeit suggeriert werden, sie wäre eine der besten MentaltrainerInnen, denn durch ihre Mental-Interventionen wären Vettel und Maier zum Superstar avanciert. Jedoch beide Spitzensportler verneinten posthum und erklärten öffentlich, noch nie von der Dame gehört zu haben. Diese Entwicklung zeigt aber deutlich, dass Mentalberatung eine breite gesellschaftliche Relevanz erlangt hat. Ein weiteres Indiz dafür sind die zahlreichen Ausbildungsakademien,

die in diesem Bereich unterschiedlichste Ausbildungen, beginnend vom Mentaltrainer über Mentalcoach bis zum Mentalberater, anbieten. Aber: Diese Entwicklung ruft auch Kritiker auf den Plan, denn es drängt sich die dringliche Frage auf, wer überhaupt gesetzlich befugt und wer überhaupt methodisch befähigt ist, Mentalberatung anbieten zu dürfen? Da mit Mentalberatung sehr oft tief in die Psyche eines Menschen eingewirkt wird, erhebt sich auch die Frage, was eigentlich im Kern Mentalberatung von seiner inhaltlichen Seite sein sollte?
Diese Fragen provozieren auch die Diskussion um den Begriff „Mental".
Im Volksmund wird er zumeist mit „positivem Denken" assoziiert, das konsequent umgesetzt zwangsläufig zu Gesundheit, zu partnerschaftlichem sowie beruflichem Erfolg, zu höchster Leistung wie auch zu höchstem Lebensglück führen sollte. Sehr viele Anbieter auf dem Markt benützen diese „Argumentationsschiene", um Kunden anziehen zu können. Sie arbeiten mit dem Glaubenssatz oder dem Axiom (als ein nicht mehr zu hinterfragendes Dogma): „Alles, was wir im Leben erfahren und erleben, ist eine indirekte Folge unserer innersten Gedanken und Überzeugungen". Einerseits soll dies in Form von „suggerierten Gedanken" geschehen, meist durch verinnerlichte Fremdbotschaften. Andererseits sind es „selbsterzeugte Gedanken", die durch die Kombination von Lebenserfahrungen und Bildungserfahrungen zu mächtigen Introjekten in der Psyche des Menschen heranwachsen und sich zu veräußerten Selbstbotschaften entwickeln, die entweder konstruktiv oder destruktiv auf uns Menschen wirken. Dieser Ansatz – der einen essenziellen wahren Kern besitzt – wird von manchen „Mentalgurus" in einer bedenklichen Form als fatalistischer Glaubenssatz (Axiom) gelehrt und benützt. Demnach erzeugen alle unbewussten und bewuss-

ten Überzeugungen einen Sog der Anziehung – wegen dem fundamentalen kosmischen Gesetz der Anziehung – wodurch jegliche Erfahrungen im Leben eines Menschen als Resultat der ursächlichen Gedankenimpulse seiner Innenwelt betrachtet werden. Ist nun jemand sehr erfolgreich, hat er diesen Erfolg durch seine innersten Glaubensmuster ins eigene Leben gezogen. Erfährt aber jemand sehr dramatische Schicksalsschläge, sind diese Erfahrungen auch ein Produkt von „verinnerlichten Selbst-, Fremd-, oder Systembotschaften". Diese fatalistischen Axiome werden z. B. von einigen Autoren des Buches „The Secret" vertreten. Gerade der Buch- sowie der Seminarmarkt zu diesen Themen zeugt von der brennenden Sehnsucht der Menschen die eigenen geistigen Kräfte für mehr Glück im Leben nützen zu wollen. Und diese Sehnsucht ermöglicht vielen Autoren und Mentaltrainern auch bedenkliche Glaubensmuster zu verbreiten, die auch im Leben eines betroffenen Menschen zu Leid führen können. Als ich im Buch „The Secret" über das Gesetz der Anziehung gelesen hatte, kam mir eine Geschichte von einer Frau aus meinem Bekanntenkreis in den Sinn, die es liebte, als passionierte SportlerIn auf den Bergstraßen Italiens Rad zu fahren. Eine Frau, die in einer glücklichen Beziehung gelebt hat und nach dem Italien-Sporturlaub gebrochen war. Denn es hat sie auf einer einsamen Bergstraße ein Italiener mit dem Auto verfolgt, niedergefahren und dann vergewaltigt. Im Kontext dieser fatalistischen Axiome aus dem Dunstkreis von „The Secret" würde die Erklärung lauten: „Irgendwo tief in der Seele dieser Frau waren schlummernde Glaubensmuster und verborgene Sehnsüchte, die so eine schlimme Erfahrung der Vergewaltigung angezogen haben." Ich bin in meinem Leben durch viele Teile der Welt gereist und habe viel menschliches Elend und Leid gesehen. Zwei Milliarden Menschen erleiden gegenwärtig Hunger und ein Großteil der Menschheit lebt an der Armutsgrenze. Viele Frauen und Kinder sind Opfer von Misshandlung, viele Ethnien erleben nach wie vor Genozide. Würden wir den Erklärungsmodellen von „Mentalgurus" Glauben schenken, so würden nicht inhumane Wirtschaftsstrukturen für das weltweite Elend verantwortlich sein, sondern primär die innere Einstellung eines betroffenen Menschen. Ein hungernder Afrikaner in der Sahelzone denkt sinngemäß einfach nicht positiv genug, um in der Sahara einen Wasserbrunnen zu finden und eine blühende Oase zu errichten. Somit ist er selber schuld an seinem Elend, während Länder der ersten Welt weiterhin ihre Fäden ziehen, um billigst an die Rohstoffe der Dritte-Welt-Länder zu gelangen.

Die wirklichen Helden im Bereich des Mentaltrainings sind Menschen, die es unter widrigsten Umständen geschafft haben, ihr Leben zu meistern. Als einer der größten Helden ging der Begründer der Existenzialanalyse und Logotherapie, der Jude Viktor Frankl, in die Geschichte der Menschheit ein, dem für sein Lebenswerk größter Respekt zu zollen ist. Er war ein zutiefst traumatisiertes Opfer der Hitlerschergen und musste mit ansehen und miterleben, wie vor seinen Augen seine liebsten Menschen gefoltert und getötet wurden. Als besondere „Psychofolter" hat man ihn am Leben gelassen, um an der miterlebten Ausrottung seiner Familie psychisches Leid zu erfahren. Er hat diese Torturen ertragen und überlebt, indem er in einem geistigen Bereich sich eine Sinndimension bewahrt hat und hoffnungsvoll an eine gute Zukunft geglaubt hat. Das war sein letzter Triumpf über das bestialische Naziregime, er hat sich in seinem Geiste nicht brechen lassen. In der Hölle auf Erden hat Frankl täglich ein Mentaltraining vollzogen, das ihn zum Überleben motivierte. Letztlich befreit aus dieser Hölle, hat er seine Erfahrungen in seine logotherapeutische Arbeit transformiert und weltweit Milliarden Menschen geholfen, in schwierigen Lebensumständen trotzdem „Ja zum Leben zu sagen". Viele TherapeutInnen und BeraterInnen arbeiten heute sehr erfolgreich mit diesem Ansatz und aktivieren durch heilsame psychosoziale Interventionen hoffnungsvolle psychosoziale Ressourcen bei leidenden und trauernden Menschen. Ein prägender Leitsatz für eine seriöse Mentalberatung aus diesem logotherapeutischen Ansatz wäre in logischer Folge: „Wer ein Warum im Leben hat, erduldet jedes Wie!" Eine gute Mentalberatung weckt demnach die tiefsten Motivationskräfte im Innersten eines Menschen, denn die Erfahrung lehrt, dass intrinsische Motivation tief aus dem Herzen eines Menschen wachsend die stärkste Triebkraft besitzt, um in seinem Leben zielstrebig voranzuschreiten. Ohne diese innersten Kräfte zu bearbeiten wirkt ein oberflächliches Mentaltraining wie Benzin für einen Dieselmotor. Viele Menschen haben aus ihrer Biografie einiges an belastendem Material mitzutragen, das mit Schönrederei durch positives Denken nicht aufgelöst werden kann. Sie sind in einer lang andauernden Problemtrance gefangen und hoffen, sich durch Seminare in diversen Bereichen des Mentaltrainings aus dieser Problemwelt herausziehen zu können. Bei den diversen Seminaren, wo es dann durch Infotainment genug Showelemente gibt, über Feuer oder Scherben gelaufen wird, wird der Teilnehmer dann aus dem Alltag herausgerissen und mittels einer gesteuerten Gruppendynamik ein „hoffnungsvoller Gruppengeist" erzeugt, der kurzfristig wie „Red Bull" dem einzelnen Teilnehmer Flügel verleiht. Nach einigen Tagen flaut diese Erfahrung wieder ab und man wird durch die Lebensdynamik der eigenen Lebensrollen wieder zurück in die Alltagswelt gezogen. Deshalb ist es wichtig für die Nachhaltigkeit und längerfristige Veränderung zusätzlich einen Mentalberater an seiner Seite zu haben, der in einem längeren Veränderungsprozess durch einen tieferen psychosozialen Arbeitsprozess kompetent helfen kann. Dafür bedarf es aber seitens eines Beraters einer qualifizierten Ausbildung. Entweder muss in Österreich ein Mentalberater eine Gewerbeberechtigung zum Lebens- und Sozialberater vorweisen können oder er muss ein klinischer Psychologe oder Psychotherapeut sein. Aus Respekt vor dieser Arbeit und vor dem Klienten wäre es auch ethisch korrekt, wenn jeder Anbieter von Mentaltraining sich die Mühe gemacht hätte, eine längerfristige und methodisch zertifizierte Ausbildung nach den Forderungen des Gesetzes gemacht zu haben. In Österreich haben wir in der WKÖ Berufsgruppe der Psychosozialen BeraterInnen im Bundesausschuss für Lebens- und Sozialberatung im Jahre 2007 ein Qualitätsmarkenzeichen für Mentalberatung geschaffen – den ImpulsPro (www.wkw.at/impulspro) – wodurch einem Endkunden im Sinne des Konsumentenschutzes geholfen werden soll zu erkennen, ob ein Mentalberater auch wirklich eine profunde Ausbildung genossen hat und nicht nur bei selbsternannten Mentalgurus von Amerika bis nach Indien „aufgeladen" wurde.

Ich hoffe klargemacht zu haben, dass es zumindest in Österreich eine gesetzliche Regelung gibt, wer Mentalberatung anbieten darf und was seine Qualifikationen sein müssen, die ein Klient oder Kunde zum Selbstschutz einfordern sollte. Aber was ist nun eigentlich Mentaltraining, was kann man darunter verstehen, und welche Inhalte kann man erwarten?

Zuerst gilt es den Begriff „Mental" zu definieren. Verstehen wir darunter nur die Gedankenwelt eines Menschen, sind es seine unsichtbaren Gefühlskräfte, der Bereich der Motivkräfte oder seine Fähigkeit zur Liebe?

Ich behaupte, dass in der Mentaltrainer-Szene der Begriff Mentalität zumeist als Synonym für den Begriff Psyche, Seele oder Geist verstanden und eingesetzt wird, wobei viele

Anbieter den Begriff „Mental" als Eingangstor zu tieferen Schichten der Psyche benützen. Immer wieder ereilen mich in meiner Funktion als Berufsgruppensprecher Anfragen, wodurch die Frage im Raum steht:„Was darf ein Mentaltrainer eigentlich machen?" Ein Mentaltrainer dürfte eigentlich nur an den Gedanken in Bezug auf eine bestimmte Lebensrolle arbeiten. Zum Beispiel dürfte ein sportwissenschaftlicher Berater im Bereich des Mentaltrainings an der gedanklichen Optimierung im Sinne der Vorstellung über optimierte Bewegungsabläufe arbeiten, aber nicht mit dem Klienten eine systemische Aufstellungsarbeit betreiben, um das psychosoziale Netzwerk des Klienten zu mobilisieren.

Dennoch erlebe ich in der Praxis, wie vor allem Trainer und Coaches, die über internationale Verbände und Personen (z. B. NLP/Tepperwein) nach Kriterien ausgebildet wurden, welche für die österreichische Gewerbeberechtigung keinerlei Relevanz besitzen und somit auch zu keiner Befähigung zur psychosozialen Beratung führen, trotzdem meinen, sie können unter Mentaltraining von Persönlichkeitsberatung bis hin zur Glücksberatung alles anbieten. Dem ist aber nicht so!

Der Begriff „Mental" unterliegt keiner internationalen Definition. Viele Meinungen werden hierbei geäußert, welche aber keine signifikante wissenschaftliche Relevanz besitzen. Wegen dieser Unmöglichkeit, eine international gültige Begriffsbestimmung für Mental zu finden, erlaube ich mir, eine Begriffserklärung zu liefern, die meiner Erfahrung und dem psychophysischen Wesen des Menschen am Nächsten kommt. Der unsichtbare Bereich des Mentalen entzieht sich nach wie vor jeglicher Möglichkeit, ihn wissenschaftlich zu beschreiben und zu begreifen. Ist „Mental" ein Bereich des Geistigen oder nur ein Produkt neuronaler biochemischer Prozesse? Und wie wirkt das Mentale auf den Körper und umgekehrt? Ein Grazer Arzt und Psychotherapeut namens Pieringer hat eine Typologie geschaffen, welche weltweit existierende Geist-Körper-Interaktionsmodelle in einen überschaubaren Rahmen bringen. Demnach gibt es als Hauptgruppen monistische, duale und monopolare Geist-Körper-Interaktionsmodelle, von denen in der medizinischen Behandlung bis zur Mentalberatung induktiv oder deduktiv abgeleitet wird. Da in unserer westlichen modernen Welt zurzeit noch ein materialistisches Weltbild die Vormacht hat, wird ein theoretischer „monistischer" Ansatz vertreten, wo man ohne wissenschaftlich relevante Beweisführung behauptet, der Geist des Menschen entstünde rein als ein Produkt der neuronalen Netzwerke im Gehirn. Diese Vermutung und gerne wiederholte These ist einem Menschenbild entsprungen, wo mit religiösem Fanatismus verkündet wird, der Mensch sei eine biomechanische Maschine. Diese Behauptung basiert auf sozialdarwinistischen Thesen, die vielfach einer wissenschaftlichen Grundlage entbehren. Es ist eine esoterische Behauptung zu meinen, der Mensch sei ein Produkt von zufälligen Evolutionsschritten. An diese These kann man glauben oder auch nicht. Sie ist keinesfalls wissenschaftlich seriös und wissenschaftstheoretisch jederzeit widerlegbar, und nur, weil sie ständig in den Medien und Bildungsstätten behauptet wird, erhöht das nicht ihren Wahrheitsgehalt.

Faktum ist, dass unser menschlicher Organismus aus den Dynamiken von geistigen Phänomenen, energetischen Kräften und körperlichen Elementen geformt und verändert wird. Ich bezeichne diesen menschlichen Organismus als GEK-O System, das übersetzt Geist-Energie-Körper- Organismus bedeutet. Auf der Grundlage meiner Studien und Beobachtungen kann ich erkennen, dass sich dieser Organismus nach dem Gesetz der Homöostase und dem Bedürfnis nach

Ekstase dynamisch verändert. Sobald ein Ungleichgewicht entsteht, versuchen diese drei Bereiche den Menschen in einen Glückszustand zu versetzen oder ihn in die Balance eines gesunden Zustandes zurückzubringen. Der Mensch ist auf gesundes Gleichgewicht des GEK-O Systems programmiert. Alle Adaptionsmechanismen des menschlichen Organismus folgen diesem Prinzip.

Es ist meine persönliche Überzeugung, dass der tiefste Bereich der menschlichen Existenz eine geistige Kraftquelle verkörpert. Der deutsche Idealist Novalis beschreibt es mit einer aussagekräftigen Affirmation: „ Der Mensch IST Geist und HAT einen Körper". Dieser Leitsatz steht diametral zum gegenwärtigen materialistischen Glauben, in dem der Geist nur durch biochemische Prozesse im Gehirn entstehen kann. Der Geist ist eine sprachliche Metapher für unsere unbewusste, unsichtbare Innenwelt, die auch als Seele und Psyche bezeichnet wird. Im menschlichen Geist verbergen sich die wichtigsten Kraft- und Lebensquellen: Die Herzkraft als Quelle der Liebesfähigkeit, die Glaubenskraft als Quelle von Hoffnung und Vertrauen, die Gefühlskräfte als Triebmotor des Glücksstrebens, die Willenskräfte, um Ziele erreichen zu können und die Gedankenkräfte als Basis der Kommunikation und Kreativität. Durchdrungen werden Körper und Geist von einer kosmischen Lebensenergie, die als nie versiegende biologische Quelle das organische Leben im Universum durchströmt. Diese Dynamik zwischen diesen Grundkräften enthält die wichtigsten Ressourcen zur Heilung. Werden sie trainiert und kultiviert, so liefern sie den Schlüssel zu einem glücklichen und gesunden Leben. Alle sportwissenschaftlichen Trainingsprinzipien folgen diesem Prinzip der Anpassung und Homöostase. Muskelwachstum ist nur auf diesen Adaptionsmechanismen möglich. Genauso verhält es sich mit Verhaltensveränderungen eines Menschen. Es geht um Konditionierungsprinzipien, wo Lebensgewohnheiten verändert werden wollen. Diese Dynamik ist aber auch für die Erkrankung des Organismus verantwortlich, denn die in der medizinischen Wissenschaftssprache bezeichnenden und beschriebenen „Psycho Neuro Immunologischen (PNI) Mechanismen" sind die wahren Auslöser für viele moderne Zivilisationserkrankungen. Gerade ein Burnout lässt begreifen, wie ständiger Di-Stress und zwischenmenschliche Überforderung zuerst die Psyche „angreift" und damit zu negativen Gedankenspiralen weiter zu Gefühlsabstürzen und letztlich zum körperlichen Zusammenbruch und einer radikalen Verhaltensänderung führen kann. In diesem „psychoneurobiologischen Zusammenspiel" wird die Psyche als Sammelbegriff aller mentalen, kognitiven, emotionalen, vegetativen und verhaltensbezogenen Erscheinungen verstanden. Deshalb ist es legitim, den mythologischen Begriff der Psyche – Freud hat diesen Begriff aus der Mythologie der griechischen Götterwelt „gestohlen" – in seinen ursprünglichen Begriff zu gießen – und als den unsichtbaren Geist des Menschen zu bezeichnen. Der Begriff des menschlichen Geistes subsummiert sämtliche psychische, seelische, unbewusste, unterbewusste Erscheinungen von mentalen Prozessen, von Gefühlswallungen bis zu Willens- und Herzenskräften. Wenn in weiterem Zusammenhang vom Geist des Menschen gesprochen wird, dann wird darunter jene psychische oder seelische Kraft verstanden, die – mit den Worten des Gehirnforschers John Eccles ausgedrückt – außerhalb der beobachtbaren und messbaren biochemischen Gehirnprozesse „... wie ein Klavierspieler auf der Tastatur des Gehirns spielt". Die Geist-Körper-Beschaffenheit und Interaktion ist letztlich entscheidend für wichtige Beratungsinterventionen. Vielfach entströmt die Kraft für Gesundheit, Heilung und Erfolg in allen Lebensbereichen dem Geiste des Menschen. Gerade durch die Stressdynamik und mittels der Hirnforschung kann diese Geist- Körper-Dynamik besser verstanden werden. Wenn ich mir nur im Geiste ein Bild einer gefährlichen Giftschlange vorstelle, reagiert mein Körper bereits mit den typischen Reaktionsmustern wie z. B. die Ausschüttung von Stresshormonen entsprechend dem S-O-R Modell (Stressoren-Organismus-Reaktion), um dieser Gefahr im Sinne des Überlebenstriebes begegnen zu können. In unserem Geiste schlummern die zentralen Kräfte zur positiven persönlichen Wende und zur Selbstheilung: Zu diesen geistigen Kräften zählen die mentale Kraft, die Willenskraft, die emotionale Kraft, die intellektuelle Kraft und besonders die Glaubenskraft und herausragend die Liebeskraft. Es war Emile Coue, ein Zeitgenosse und französisches Pendant zum österreichischen Psychoanalytikers Sigmund Freud, der sich besonders der Kraft der Hypnose widmet und im Zuge seiner Erfahrungen den Begriff der Autosuggestion neu besetzte. Obschon auch Freud anfänglich mit der Hypnose arbeitete, verwarf er zunehmends diese zugunsten der Methodik der Psychoanalyse. Emile Coue aber entwickelte sein Konzept der Autosuggestion weiter. Heute sind diese Grundgesetze der Suggestion Basis für Hypnose, für Autosuggestion, für Autogenes Training, für positive Selbstinstruktion etc. und verkörpern ein Basiswerkzeug von psychosozialen BeraterInnen.

Indirekt berühmt wurde Coue durch das Verständnis des Placebo-Effekts: Coue fand nämlich durch Zufall heraus, dass ein Medikament seine Wirkung besser entfaltet, wenn er seinen Patienten beim Verkauf eines Medikamentes die „suggestive Affirmation" verabreichte „... *dieses Medikament hat vielen Patienten besonders geholfen ...*". Es gelang Emile Coue, dadurch bei den Patienten ihre eigene Glaubenskraft auf Selbstheilung zu aktivieren.

Bruce Lipton, ein amerikanischer Zellbiologe, verdeutlicht in seiner Epigenetik, wie die geistigen Kräfte auf die kleinste Zellebene des Körpers wirken und beschreibt anschaulich, wie unsere geistigen Kräfte den Körper in seinen essenziellsten Lebensfunktionen automatisch oder gedanklich bewusst beeinflussbar steuern und erhalten.
Die Psychoneurobiolgie PNI ist heute die Speerspitze im neuen Verständnis um das psychophysische Interaktionsmuster eines Menschen. So haben im Kontext der PNI z. B. Krankheiten zumeist drei Ursachen:
- Eine biologische Ursache, z. B. eine spezielle. genetische Disposition oder ein Virus
- Eine psychologische Komponente (z. B. Stress oder Probleme mit der eigenen Persönlichkeitsstruktur)
- Eine soziale Komponente (z. B. die Familiensituation oder Probleme an der Arbeitsstelle)

PNI erforscht eben in diesem Sinne den Zusammenhang zwischen Gefühlen, Gedanken, dem Verhalten des Menschen und dem Immunsystem.
Die Forschungsrichtung, die sich mit der Veränderung von Nervengewebe befasst, nennt sich Neuroplastizität (Nervenbahnung). Als Neuroplastizität bezeichnet man demnach die Fähigkeit der Neuronen im Gehirn, Verletzungen auszugleichen und ihre Aktivität entsprechend der Stimulationen aus der Umwelt anzupassen. Nach dem Neurologen Reiner Beck ist es die Fähigkeit, in Reaktion auf funktionelle und morphologische Veränderungen modifizierte Organisationsstrukturen im Gehirn zu entwickeln. Diese empirisch beobachtbare Fähigkeit zur Selbstregenerierung des Gehirns ist die Grundlage dessen Fähigkeit auf psychische, psychosoziale und physiologische Reize bestimmte Gehirnareale durch neuronales Wachstum zu aktivieren, zu reaktivieren, zu rekonstruieren oder zu reorganisieren.

Bahnbrechend sind dabei auch die Forschungsarbeiten des amerikanischen Emotionsforschers Richard Davidson, der bei den wissenschaftlichen Dialogen zwischen dem Dalai Lama und modernen Hirnforschern, im Rahmen des *Mind-Life Institutes*, durch die jahrelange Untersuchung von meditierenden Mönchen zur zwingenden Erkenntnis gelangt ist, dass die Kraft des Geistes alleine in der Lage ist, nur durch die visuelle Vorstellungskraft Gehirnstrukturen wie neuronale Netzwerke physiologisch zu verändern.

Ein neues Bewusstseins durch neues Denken, neues Fühlen und neues Handeln ändert somit einen Menschen in seinem Verhalten und formt dabei neue neuronale Netzwerke. Genau hierin vereinigen sich Sinn und Kraft von psychosozialer Beratung und Psychotherapie: Sie provozieren, neue „neuronale Bahnen" anzulegen, was anfänglich oft mühsam und schwierig erscheint. So erbrachten die Neurowissenschaftler Sherrington, Lashly und Hebb die empirischen Beweise, dass die Biographie einer Person und der Lebensstil eines Menschen die Gehirnphysiologie im Sinne einer neuroplastischen Veränderbarkeit prägt. Aber auch psychische oder seelische Erkrankungen verändern und prägen das Nervengebilde. So z. B. der Hippocampus, welcher sich bei depressiven Menschen verkleinert. Zwar ist es lebenslang möglich, „neue Pfade" im Gehirn zu „bahnen", gleichzeitig bleiben die „alten Pfade" oft lange erhalten. Je mehr sie emotional eingebrannt sind, umso schwieriger ist es, sie durch neue Erfahrungen zu löschen oder zu „überschreiben". So erklärt sich, warum es immer wieder zu „Rückfällen" in die alten Gleise kommt.

Fazit: Mentalberatung lässt sich selten nur auf die gedankliche Ebene einschränken, da die Gefühle und die Glaubenskräfte eine mächtigere Instanz im Geiste des Menschen darstellen. Deshalb kann nur die erwünschte Wirkung erzielt werden, wenn tiefer in die Persönlichkeitsbildung eines Menschen und zwar auf die Glaubensebene eingewirkt wird. Die Glaubenskraft eines Menschen ist nicht abstellbar, wir können nicht nicht glauben, die Frage ist nur, was und wem wir unseren Glauben schenken. Verinnerlichte Eltern- und Systembotschaften zeugen von dieser enormen Kraft in uns. Mentalberatung muss daher auch auf der Glaubensebene stattfinden, um destruktive Selbstbotschaften zu wandeln. Nur so können Erfolge verbucht werden. Mentalberatung verändert die intrapsychischen Kräfte, Gehirnstrukturen wie auch das psychosoziale Netzwerk eines Menschen. Wegen dieser enormen Wirkung einer Mentalberatung auf den eigenen Organismus besteht die Forderung: Mentalberatung gehört in „kundige, professionelle Hände"!

Harald Janisch

Gedanken, Gefühle, Bilder, Handlungen
(Interview mit Manfred Spitzer)

„So wie unser Gehirn beschaffen ist, wird immer dann gelernt, wenn positive Erfahrungen gemacht werden."
Prof. Dr. Manfred Spitzer

2) Gedanken, Gefühle, Bilder, Handlungen

Der Vortrag von Prof. Dr. Manfred Spitzer zeigt uns einerseits die unglaublichen Fähigkeiten und andererseits die Funktionsweise unseres Gehirns auf. Wir haben den Vortrag "Gedanken, Gefühle und Handlungen" in Interviewform umgestaltet, um Ihnen als Leser ein virtuelles Dabeisein bei diesem Highlight des Kongresses zu ermöglichen.

Was ist die Aufgabe von Neuronen im Gehirn?
Neuronen können nicht fotografiert werden. Wenn Sie ins Hirn gehen und ein Neuron suchen, würden Sie nichts finden, es wäre so wie wenn Sie in einen ganz dichten Urwald gehen und wollten einen einzigen Baum fotografieren – im dichtesten Urwald sehen Sie keinen einzelnen Baum, dort sehen Sie nur Dickicht. Erst durch ein Kontrastmittel (Fluoreszenzfarbstoff), so ein Zeug was in Textmarkern drin ist, welches injiziert wird, lässt sich ein Neuron bildlich darstellen. Man spritzt es hinein, wartet, bis der Farbstoff sich verteilt, leuchtet drauf, und dann sehen Sie nur das eine, in dem sich der Fluoreszenzfarbstoff verteilt hat, und den ganzen Rest sehen Sie nicht. Was macht so ein Neuron überhaupt? Ein Neuron allein macht überhaupt nichts, funktioniert erst dadurch, dass bis zu 10.000 Kabel von anderen Neuronen ankommen, und vor allem Fasern. Eigentlich ist es ein Riesengeknäuel und Gewurschtl, Milliarden vernetzter Neuronen, und dann funktioniert es. Die Neuronen und Fasern stehen alle untereinander in Verbindung, brauchen Verzweigungen, um alle ankommen zu können, bräuchten ja sonst irrsinnig viel Platz, der gar nicht da wäre.
Die Faser die ankommt, liefert einen elektrischen Impuls, dieser wird auf chemischem Weg übertragen, die Verbindungen sind die Synapsen.

In der Schule wird heute genau gelehrt: Was ist ein Neuron, was ist eine Synapse, wie wird ein Impuls übertragen ... gelehrt wird wie es geht, gelehrt wird wie ein Impuls übertragen wird, aber nicht was das soll. Das finden Sie leider in keinem Biologiebuch.

Wofür sind Synapsen eigentlich da?
Man könnte doch den Impuls direkt geradeaus durchschicken, wäre viel effizienter. Wir haben 100 Milliarden Nervenzellen und 10.000 Verbindungen pro Nervenzelle im Gehirn. Also 100 Milliarden mal 10.000. Das macht eine Million Milliarden, das sind 10 hoch 15 solcher Verbindungen – und jetzt stellt sich die Frage: Ja wofür haben wir die denn? Heute kann man schon alles genauer untersuchen, da hin stechen und dort mit dem Elektronenmikroskop festhalten. Das Gehirn ist unser dynamischstes Organ, es verändert sich dauernd. Nicht das Herz, sondern das Hirn ist das dynamischste Organ.
Synapsen ändern sich wenn sie benutzt werden. Wenn die gleiche Chemie abläuft, um den Impuls dort rüberzubringen. Wenn neue Synapsen wachsen oder sich neu bilden nennen wir das Lernen. Egal was sie lernen, in ihrem Kopf passiert letztlich immer das Gleiche. Die Synapsen sind nicht da, um einen Impuls weiterzuleiten, die Synapsen modulieren den Impuls, je nachdem wie schnell der rüberkommt, er kommt besser oder schlechter durch, je nachdem, ob die Synapse schon mal benutzt worden ist.

Überall im Kopf ändert sich ständig unglaublich viel, unser Hirn ist nicht so stabil, wie Sie denken. Wie kann es dann sein, dass wir überhaupt so was wie stabile Erinnerung haben, wenn sich das dauernd ändert.

Sind Erinnerungen wirklich stabil?
Dazu wurde ein Experiment mit Studenten durchgeführt. Man zeigte Studenten Videoclips von Autounfällen. In keinem der Videos waren Glassplitter zu sehen. Nach zwei Wochen wurden den Studenten einige einfache Fragen, wie z. B. war das Auto, das von rechts kam grün, gestellt. Unter anderem wurde einer Gruppe folgende Frage gestellt: Wie schnell waren die Autos, als sie beim Unfall ineinander krachten?
Die Parallel-Gruppe bekam die Frage ein wenig anders gestellt: Wie schnell waren die Autos als sie sich beim Unfall berührten?

Nach einer Woche wurden die Studenten beider Gruppen befragt, ob Glassplitter gesehen wurden. Diejenigen, die eine Woche vorher gefragt wurden, wie schnell die Autos waren, als sie „ineinander krachten", beantworteten die Frage mit JA, dort wo sich die Autos berührten wurde die Frage mit NEIN beantwortet.

Es ist nicht möglich, sich an eine Erinnerung zu erinnern und sie dabei nicht zu ändern. Die Erinnerung an sich wird anders, nicht nur das Denken. Wenn Sie immer wieder in gewisser Weise fragen, dann ändern sie damit die Erinnerung selbst.

Weshalb denken wir dann, dass wir ein stabiles Gedächtnis/Erinnerung haben?
Wir reden jeden Tag miteinander und tauschen uns aus, wir reden im Durchschnitt vier Stunden am Tag über alles Mögliche. Vieles davon ist Abstimmung, wird rückversichern uns dauernd bei anderen, ob das korrekt ist.

Menschen die das nicht können, ganz alleine sind oder eine andere Sprache sprechen und die anderen daher nicht verstehen können, steigern sich oft in etwas hinein, leiden oft an Wahnvorstellungen, weil sie sich nicht austauschen können. Dadurch, dass sie die anderen nicht verstehen denken sie häufig, dass die anderen über sie reden. Sie steigern sich dadurch in etwas hinein. Dadurch dass sie keinerlei Feedback haben, meinen sie die Welt verändert sich, dabei sind nur sie es, die sich verändern.

Lässt sich Lernfortschritt beobachten?
In der Hirnforschung gibt es eine wissenschaftliche Beschreibung dafür:
Erfahrung hinterlässt eine andauernde strukturelle Spur in Netzwerken der Gehirnrinde.

Durch das Zählen von Synapsen ist das möglich. Wenn gelernt wird, werden Synapsen angebaut, umgebaut, abgeräumt. D.h. wenn viel gelernt wird, wird vor allem neu gebaut und wenig weggeräumt. An bestimmten Stellen hat man Löcher ins Gehirn gebohrt und konnte so beim Lernen zusehen. Das Gehirn ändert sich dauernd, dadurch, dass wir es benutzen, egal ob wir denken fühlen handeln wahrnehmen. Das ist die Aufgabe des Gehirns, dafür haben wir eine Million Milliarde Synapsen

Ich referiere öfter vor Lehrern und die reagieren oft skeptisch auf die Äußerung „Das Gehirn lernt immer. Es tut nichts lieber und macht sowieso nichts anderes". Das Gehirn lernt tatsächlich immer, sie können nur nicht in jeder Situation bestimmen was sie lernen bzw. ob Sie es brauchen und ob es gut für Sie ist. Sie können jedoch nicht verhindern dass Ihr Gehirn lernt, es lernt einfach immer.

Welche Auswirkungen haben heutige Medien auf das Gehirn im Allgemeinen und das Lernen im Speziellen?
In Deutschland ist der tägliche durchschnittliche Bildschirmmedienkonsum fast doppelt so hoch wie die Zeit für den gesamten Schulstoff zusammengenommen. In den USA hat der durchschnittliche 8- bis 12-Jährige 7 Stunden Medienkontakt. Im Vergleich dazu reden sie 2 Stunden miteinander. Sozialkontakte werden über das soziale Gehirn gesteuert.

Auch dazu gibt es eine Studie:
Das Gehirn von Primaten wird vermessen. Anschließend werden sie einzeln, zu zweit oder zu dritt im Käfig gehalten. Nach eineinhalb Jahren wird ihr Gehirn wieder vermessen. Dabei stellte sich heraus: je größer die Gruppe, in der sie eineinhalb Jahre gelebt haben, desto größer die sozialen Module des Gehirns.

Die wesentliche Erkenntnis dabei: Das Gehirn wächst mit der Aufgabe.

Wo können wir lernen noch beobachten?
Im default modus unseres Gehirn lernen wir langsam. Es muss immer wieder was passieren, nur dann können wir lernen. Unser Gehirn ist kein Kassettenrekorder, Videorekorder oder eine Festplatte. Es ist besser als eine Festplatte, genau deshalb, weil es langsamer lernt.

Ein Beispiel dafür:
Ein kleines Kind, das laufen lernt – steht auf, fällt hin, steht auf, fällt hin ....

Es wird nicht der Einzelfall gelernt, sondern die allgemeinen Zusammenhänge dahinter, das ist auch viel wichtiger als jedes einzelne Ereignis. Das Kind speichert nicht im Gehirn ab: oh gestern bin ich auf die rechte Pobacke gefallen. Da ihm dieses negative Ereignis gar nicht weiterhelfen würde. Die Motorik des Kindes muss verstehen, welche Muskeln in welchem Ausmaß gebraucht werden. Das Gehirn schickt immer wieder unterschiedliche Impulse zu den Muskeln und irgendwann merkt das Kind wie es aufstehen kann ohne umzufallen. Die Hebelgesetze, die Gravitationskonstante, dutzendweise Differenzialgleichungen müssen dabei beachtet werden. Alles das wird vom Gehirn berücksichtigt. Man kann praktisch sagen: Kinder lernen laufen von Fall zu Fall.

Sprechen lernen funktioniert genauso. Wir reden dafür einfach mit Kindern. Es werden keine Silben und keine Grammatik gelernt. Das ist eine unglaubliche Lernleistung. Eine Abstraktionsleistung, die jeder, wenn er 6 Jahre alt ist, bereits vollbracht hat. Sie können sich mit 6-Jährigen praktisch fehlerfrei auf Deutsch unterhalten.

Wenn man 7 Monate alte Babys dreisilbige Wörter mit gleicher Struktur hören lässt, hat man herausgefunden, dass sie sich bald langweilen. Um ihre Aufmerksamkeit zurück zu bekommen gibt es die Möglichkeit, die Struktur/die Grammatik zu ändern. Damit kann die Aufmerksamkeit der Babys wieder länger gebunden werden – bereits mit 7 Monaten fangen Babys an Grammatik zu lernen, auch wenn sie selber noch nicht reden, das passiert allein durch den Vergleich der Wortstrukturen.

Ist das auch in anderen Bereichen so?
Es wird ständig nach Werteunterricht gerufen, aber die Kinder leben in Werten, sie baden geradezu darin. Wie lernen wir, uns zu benehmen? Wenn sie gelebte Werte 100.000-

mal gesehen und erlebt haben, so sind diese wie die Grammatik in ihrem Kopf. Kein Kind lernt Grammatikregeln, die prägen sich einfach durch häufiges Wiederholen ein. Es hilft auch nicht, die 10 Gebote auswendig zu lernen, um ein guter Mensch zu sein. Das sind sie ja (hoffentlich) schon. Das Problem ist: Wir wissen sehr viel und wissen gar nicht dass wir es wissen – wie wir laufen, wie wir mit dem Auto fahren und, und, und .... Wenn Sie beschreiben sollen, wie das funktioniert, können sie das in der Regel nicht, aber ihr Gehirn kann es trotzdem.
Das ist langsames lernen durch Wiederholung.

Es gibt auch Ausnahmen von dieser Regel. Manchmal lernen wir auch ganz schnell. Die berühmte Hand auf der Herdplatte – Autsch – wie oft machen Sie das bis sie es nicht mehr machen? Ein Mal, kein Mensch trainiert da seine Synapsen – der Mensch lernt dann schnell, wenn Emotionen dabei sind und eine tiefere Einsicht dazu da ist. Oft heißt es Emotionen und Verstand ist etwas anderes. Im Normalfall helfen uns Emotionen beim Lernen. Genau dafür haben wir den Hippocampus, der hat Verbindungen zur Hirnrinde, diese Nervenzellen lernen ganz schnell, vergleichen und können diese Verknüpfungen auslösen und Sie haben das ganze Erlebnis wieder. Diese Verbindungen werden jedoch nur dann geknüpft, wenn es sich lohnt. Wenn wir dauernd alle Erlebnisse verknüpfen würden, bräuchten wir viel mehr Platz für den Hippocampus als da ist. Es hat aber keinen Sinn sich zu merken, dass sie gestern auf die rechte Pobacke gefallen sind, und deshalb lernen sie es auch nicht. Aber wenn es ganz wichtig war – der Onkel hat böse geschaut, mich gehaut – dann gehört der Onkel auch dazu, den mögen Sie dann nicht mehr so, Sie haben Schmerzen gehabt und, und, und ... Es wird nicht nur verarbeitet, sondern vor allem verknüpft. Diese Verknüpfungen passieren beim Schlafen. Daher ist ausreichender Schlaf so wichtig, um das Gelernte zu verknüpfen.

Diese Empfindungen werden nicht nur mit dem Hippocampus, sondern auch untereinander verknüpft und so werden Synapsen gebildet, aber nur dadurch, dass sie immer wieder gemeinsam angeschubst werden. Irgendwann brauchen Sie den Hippocampus gar nicht mehr, und wenn eine Synapse aktiviert wird, gehen alle mit an. Damit ist die Erinnerung in der Gehirnrinde und im Langzeitgedächtnis abgespeichert. Würde man z. B bei einer Maus nach einer Woche den Hippocampus entfernen, wüsste es die vorher gelernten Dinge noch immer. Bei Menschen dauert dieser Speicherprozess wesentlich länger. Im Rahmen einer Untersuchungsreihe in den 50er-/60er-Jahren wurde das festgestellt. Da wurde Epilepsiepatienten der Hippocampus entfernt. Gespeicherte Inhalte vor den letzten 1-2 Jahren waren vorhanden. D.h. wenn der Hippocampus kaputt geht – man nennt dies Morbus Alzheimer, dort ist das das Erste was kaputt geht – funktioniert das Speichern von neuen Inhalten nicht mehr.
Im Hippocampus wachsen ständig Nervenzellen nach. Das passiert im Gegensatz dazu im Langzeitgedächtnis nicht. Dadurch dass die Nervenzellen im Hippocampus ständig am arbeiten sind, sterben einzelne ab und andere wachsen nach. Wenn wir Stress haben sterben mehr ab, wenn wir uns bewegen wachsen mehr nach. Daher ist Jogging auch das beste Gehirnjogging. Die gewachsenen Nervenzellen müssen aber gebraucht werden, sonst sterben die wieder ab.

Wodurch können wir diese neuen Nervenzellen fordern?
Zuerst einmal durch den Kontakt mit Menschen, die uns fordern, z. B. Oma und Enkel.

Wenn das Gehirn benutzt wird, entstehen sogenannte Gedächtnisspuren – das ist eine gebrauchsabhängig entstandene Spur, so wie ein Trampelpfad im Schnee. So bildet sich eine Struktur. Es dürfen aber nicht alle Synapsen wild wachsen, wenn alles zertrampelt ist, bleibt keine Spur. Wir kennen alle, dass ausgetretene Pfade gern benutzt werden. Das sind unsere Gewohnheiten. Daher ist es viel leichter, sich eine schlechte Gewohnheit gar nicht anzugewöhnen als sie sich wieder abzugewöhnen.
Werden bestimmte Fähigkeiten oft geübt, entstehen in bestimmten Gehirnregionen mehr Verknüpfungen. Es wachsen dann keine Nervenzellen nach, sondern es werden mehr von den vorhandenen in dieser Region gebraucht.

Wenn wir unser Gehirn in Aufgabengebiete einteilen, wie sieht das dann aus? Und wie arbeiten sie zusammen?
Etwa ein Drittel des Gehirns dient dem Sehen. Ein weiteres Drittel der Bewegung, das dritte Drittel dient dem Rest. Das Sehen ist für uns Menschen der wichtigste Sinn, dieser hat Module, die wiederum bestimmte Aufgaben haben. Außerdem sind wir Menschen Bewegungstiere. Im Sport wären wir vielen Tieren bei verschiedenen Disziplinen im Wettkampf weit voraus. Die verschiedenen Module bekommen voneinander Signale, auch wenn sich z. B. was nicht bewegt, können wir dieses erkennen, die Sinne werden sozusagen durcheinander gemischt. Wir sehen nicht nur ein Glas, sondern wir können auch hingreifen und trinken. Die Wahrnehmung endet in der Handlung. Zwischen Input und Output liegt das sogenannte Weltwissen, das ist nicht „welcher hinterindische Nacktfrosch kann bei vier Grad kopulieren" – nicht das Bild, das die Medien vermitteln, sondern wie man spricht, handelt, läuft, auf das kommt es eigentlich an.

Diese Vernetzung der Sinne kann durch ein einfaches Experiment verdeutlicht werden. Gleichgroße Klötze mit Zahlen drauf, wenn auf dem Klotz die Zahl zwei steht, geht die Öffnung der Hand zwischen Daumen und Zeigefinger nicht so weit auf wie bei dem Klotz mit der großen Acht drauf. Die Zahl auf dem Klotz geht in die Programmierung der Handbewegung ein.

Unser Hirn funktioniert modular, die Module informieren sich gegenseitig, dadurch entstehen viele unbewusste Handlungen. Hört man z. B. unbewusst mehrere Wörter das Alter betreffend, gehen wir automatisch langsamer. Die Summe aller dieser Effekte nenne ich dann Persönlichkeit.

Ist unser Gehirn etwas Besonderes?
Jedes Gehirn kann es im ganzen Universum nur einmal geben. Das sind Sie. Sie sind Ihr Gehirn. Das Gehirn ist das wichtigste Organ.

Eines ist sehr wichtig. Das Gesetz der Informationstiefe. Wie kann unser Hirn schreiben und Lesen? Dafür sind wir doch gar nicht entstanden. Es gibt ein paar Strukturen, die dafür brauchbar waren: wie z. B. das Gesichtserkennungsareal, welches genau neben dem Buchstabenerkennungsareal sitzt. Mittlerweile weiß man, dass das Buchstabenerkennungsareal sogar ein Teil des Gesichtserkennungsareals ist, der einfach davon abgezweigt wurde. Bester Beweis: Analphabeten sind beim Gesichter erkennen besser.
Beim Beispiel „googeln" sieht man, dass allein durch das Wissen, etwas googeln zu können, ein wichtiger Befehl im Gehirn fehlt: abspeichern. Da Sie es ja googeln können. Da wir immer alles verfügbar haben, merken wir es uns nicht. Worin besteht aber die Aufgabe des Gehirns? Sich zu struk-

turieren. Anhand von Input, der von außen kommt. Es ist ganz wesentlich für seine Funktion, dass unser Hirn immer wieder etwas Neues lernt.

In Kürze erscheint ihr neues Buch „Digitale Demenz"?
Wenn wir so weitermachen landen wir alle bei der digitalen Demenz. Die Empfehlung in Deutschland, jedem Schüler einen Laptop zu geben, ist ein Fehlentscheidung. In den USA wurde nach einer kostenlosen Verteil-Aktion von Laptops festgestellt, dass die Schüler mit Laptop deutlich schlechter geworden sind als die, die keinen bekommen haben. Das zeigt, dass Computer fürs Lernen schlecht sind. Computer nehmen uns Arbeit ab und wir brauchen unser Gehirn nicht mehr. Genau wie bei einem Navigationssystem im Auto. Unser Gehirn ist unser Navi.

Für den Verstand des Menschen ist besonders wichtig, dass er ständig wächst. Und das gilt fürs ganze Gehirn. Da ist der Verstand besonders wichtig, weil er ja als Erstes bei Demenz kaputtgeht, Sie deoptimieren sich wirklich, wenn Sie ihn nicht mehr benutzen. Da kommt ein großes Problem auf uns zu.

Interview durch Werner Schweitzer

Bewusstsein für Erfolg
(von Bernhard Moestl)

"Erfolg besteht darin, dass man genau die
Fähigkeit hat, die im Moment gefragt sind."
Henry Ford

3) Bewusstsein für Erfolg

Folgen Sie mir bitte einmal kurz in die folgende Situation: Sie sitzen ganz alleine in einem Raum und spielen auf einem Klavier ein recht anspruchsvolles Stück, das Sie bereits sehr oft geübt haben. Wie geht es Ihnen? Sind Sie aufgeregt? Kaum, oder? Haben Sie Angst, Fehler zu machen? Auch eher nicht, es hört ja ohnehin keiner zu. Dann stellen Sie sich bitte vor, Sie haben das Stück gerade zu Ende gespielt als plötzlich Erstaunliches passiert: Die Wände, die sich jetzt als Vorhänge herausstellen, heben sich und Sie blicken in eine riesige Menschenmenge. Zehntausend Personen, so werden Sie später erfahren, haben Ihrem Spiel gelauscht. Ändert sich jetzt etwas für Sie? Meinen Sie, Sie könnten das Stück ein zweites Mal mit der gleichen Unbeschwertheit spielen wie gerade noch? Scheint unwahrscheinlich. Aber was hätte sich denn gegenüber dem ersten Mal groß geändert? Die Zuhörer waren schließlich vorher genauso da. Sie können also nicht das Problem sein. Einzig ihre Anwesenheit war Ihnen nicht bewusst. Und daher hatten Sie auch keine Angst. Ihr Problem sind also definitiv nicht die Zuhörer. Es ist vielmehr alleine die Tatsache, dass diese jetzt plötzlich in Ihr Bewusstsein gekommen sind. So verhält es sich mit vielem. Daher ist auch nur sehr selten die Frage entscheidend, was tatsächlich ist. Wichtig ist alleine, was Sie denken, das ist. Anders wäre es wohl auch nicht zu erklären, dass wir uns über Aussagen ärgern oder kränken, die wir einfach akustisch falsch verstanden haben. Grundsätzlich scheinen unser Verstand und unser Bewusstsein ganz wunderbare Einrichtungen zu sein. Und solange man sie richtig einsetzt sind sie das auch tatsächlich. Denken Sie nur an einen Elefanten, der zwar sehr stark ist, sich das aber dort, wo es darauf ankommt, nicht bewusst machen kann. Voller

Angst kniet dieses riesige Tier vor einem kleinen Mann und lässt sich von diesem demütigen. So etwas würde einem Menschen nicht passieren.
Gleichzeitig gibt es da aber noch eine zweite, weit weniger schöne Seite. So können Sie einem Affen nicht einreden, dass er nicht auf einen hohen Baum klettern könne und es daher lieber bleiben lassen solle. Einem Menschen hingegen schon.
Mehr als durch Aussehen, Kontostand oder irgendwelche ererbten Fähigkeiten unterscheiden sich erfolgreiche Menschen von jenen, die nicht erfolgreich sind, vor allem durch eines: durch die Art, wie sie ihr Denken gebrauchen. Alle Kraft, so hat nämlich die Natur es entschieden, kommt von innen. Folglich können wir nicht einmal einer Blume beim Wachsen helfen, wenn diese es von selbst nicht schafft. Wir können sie zwar düngen, gießen und ihr gut zureden, aber die Lebenskraft muss aus ihr selbst kommen. Eine Tatsache, die allerdings für zerstörerische Kräfte in gleichem Maße gilt. Ob wir uns manipuliert fühlen oder ein anderer Mensch uns vermeintlich zu einem Streit herausfordert: Immer sind wir selbst es, die wir uns mehr oder weniger bewusst dafür entscheiden, unsere Kraft unter der Anleitung eines Gegners gegen uns selbst zu richten. Warum aber geben wir anderen Menschen so bereitwillig Macht über unser Wohlbefinden? Schließlich verfügen wir über eine Fähigkeit, die uns Menschen von den (restlichen) Tieren unterscheidet: Wir müssen auf eine Provokation nicht reagieren. Wir können uns auch ganz bewusst entscheiden, uns zu denken: "Das habe ich jetzt nicht gehört."
Entscheidend für Erfolg ist also die Fähigkeit, unser Denken so umzuprogrammieren, dass es nicht gegen, sondern für uns arbeitet. Aus irgendwelchen Gründen ist ersteres aber jene Einstellung, mit der das Denken gleichsam ausgelie-

fert wird und mit der in Folge auch die meisten von uns arbeiten. Mit hinlänglich bekannten Ergebnissen. Falls Ihnen jetzt das Stichwort „Positives Denken" einfällt, dann liegen Sie schon halb richtig. Halb deshalb, weil Sie den Ausdruck „positiv" wahrscheinlich mit „sich etwas schönreden" verbinden. Eine Sichtweise, die sich zwar so eingebürgert hat, mit der ursächlichen Bedeutung von Wort und Idee jedoch herzlich wenig zu tun hat. „Positiv", abgeleitet vom lateinischen „ponere", bedeutet so viel wie „gelegt, gesetzt, gestellt". Ein positiv denkender Mensch ist also keineswegs ein Sich-Alles-Schön-Redner, sondern vielmehr jemand, der weiß, was er will. Er stellt gleichsam in seinem Denken seine Träume, Wünsche und Ideen in die Welt. Ihm entgegen steht das vom lateinischen Wort „negare", das so viel wie „ablehnen, verleugnen" bedeutet, abgeleitete „negative" Denken. Wer sich dieser Denkweise bedient weiß nur, was er nicht will. Die berühmte gute Fee, die ihm die Chance auf drei Wünsche offenbart, fordert der Negativdenker auf, einmal Vorschläge zu machen, um diese dann einen nach dem anderen abzulehnen. So jemand muss aus dem wählen, was die positiv Denkenden ihm übrig lassen. Umgekehrt bedeutet positives Denken aber auch, Verantwortung für sich selbst zu übernehmen. Es meint zu akzeptieren, dass das, was wir nicht in Hand nehmen, auch nicht in unserem Sinn und Interesse passieren wird. Aber mal ganz ehrlich: Warum sollte es das auch? Wenn nämlich nicht einmal Sie wissen, was Sie wollen, wie sollte es dann ein Anderer?
Nun ist es mit dem Wissen alleine aber leider noch nicht getan. Um beim Beispiel mit der Fee zu bleiben: Es genügt nicht, drei Wünsche frei zu haben. Man muss sich vielmehr auch noch das Richtige wünschen. Lassen Sie mich das an einem Beispiel verdeutlichen: Angenommen, Sie haben für Ihr Unternehmen eine neue Homepage machen lassen,

auf die Sie sehr stolz sind. Tag für Tag beobachten Sie also die Statistiken und freuen oder ärgern sich über die Anzahl der Besucher. Sie starten spezielle Aktionen, um noch mehr Surfer zum Besuch Ihrer Website zu bewegen. Was daran falsch sein soll? Dass Sie eigentlich viel mehr darauf achten müssen, wie viel Geld diese Besucher bringen. Viele Zugriffe auf die neue Homepage mögen gut für Ihre Eitelkeit sein. Für das Geschäft aber sind sie zweitrangig. Wenn zwar jeden Tag nur fünf Surfer vorbeikommen, diese aber so viel Umsatz bringen, dass Sie gut davon leben können ist das besser als 1000 Besucher, die zwar Ihrem Ego Freude machen, aber nichts kaufen. Vor vielen Jahren habe ich einmal zu meinem Senior-Partner gesagt: „Ich möchte, dass unsere Firma die größte in der Branche wird." „Nicht die größte", war seine Antwort, „die am besten verdienende!"

Neben falsch definierten Zielen gibt es noch viele weitere Möglichkeiten, die Kraft des eigenen Denkens selbst so zu lähmen, dass alle anderen an einem vorbeiziehen. Dazu gehören Blockaden durch Überlegungen, um wie vieles besser die Dinge nicht gelaufen wären, hätte man nur in der Vergangenheit etwas anders gemacht genauso, wie das Zurückholen längst vergessen geglaubter Emotionen, indem man ständig in der Vergangenheit lebt. Das tückische an dieser Form der Selbst-Blockade ist, dass wir nicht an zwei Dinge gleichzeitig denken können. Wer sich mit „Wenns" und lange vergangenen Dingen beschäftigt hat keine Zeit, in der Gegenwart erfolgreich zu denken. Auch die Erkenntnis, dass etwas verändert werden muss und die Bereitschaft, es zu tun, sind noch lange keine Veränderung. Habe ich Hunger und bin bereit, etwas zu kochen, werde ich davon nicht satt. Die allerwichtigste Voraussetzung, um ein Ziel mit möglichst geringem Widerstand zu erreichen, ist aber die tatsächliche Bereitschaft, auch dort anzukommen. Nur so können Sie sich nämlich vorstellen, Sie wären schon dort, um rückblickend alles zu erkennen, was sich unterwegs in Ihren Weg stellen könnte. Denn am Ende ist das wirkliche Geheimnis von Erfolg nichts anderes als das Bewusstsein für die Fähigkeit, jeden Erfolg zu haben.

Bernhard Moestl

Ein guter Umgang mit der Zeit
(von Werner Schweitzer)

"Es ist nicht zu wenig Zeit, die wir haben,
sondern es ist zu viel Zeit, die wir nicht nutzen."
Seneca

4) Ein guter Umgang mit der Zeit

Der Umgang mit der Zeit beeinflusst unsere Gefühle und damit unser Handeln. Der erfolgreiche Umgang verändert dadurch unsere Lebensqualität, aber auch unsere Leistung und unseren nachhaltigen Erfolg. Aus diesem Grund habe ich mich für dieses Thema entschieden.

Warum ist Zeit so wertvoll?
Schon Benjamin Franklin sagte „Zeit ist Geld". Ist das wirklich so? Zeit ist besonders wertvoll, weil sie begrenzt ist. Viele Dinge können wir mit Geld erwerben, doch für die Zeit gilt das nicht. Nichts, was irgendein Mensch tut oder besitzt, wird es ihm ermöglichen, auch nur einen Moment zusätzliche Zeit anzusammeln, und nichts kann ihm verschwendete Zeit ersetzen. Ist Zeit einmal vergangen, ist sie für immer verschwunden. Benjamin Franklin hatte also doch nicht recht, als er sagte „Zeit ist Geld". Zeit ist viel wertvoller als Geld. Die Aussage von Momo: „Zeit ist Leben" in Michael Endes gleichnamigem Roman trifft es viel besser. Insofern ist es interessant, wie gedankenlos viele Menschen mit ihrer Zeit umgehen. Für eine neue Bewertung der Zeit ergeben sich daraus einige Fragen: Sind Menschen mit viel Geld wirklich die reichsten Menschen? Wie reich ist ein Mensch, der seine Zeit dafür verwendet, Geld zu verdienen, sich aber nicht die Zeit nimmt, das zu tun, was ihm wirklich wichtig ist? Wie messen wir überhaupt den Reichtum eines Menschen, der nicht auf die Höhe des Gehalts bei der Wahl des Berufes schaut, sondern sich eine Villa aus Zeit baut, da er das tut was ihm wirklich wichtig ist?
Zeit ist so wertvoll, weil sie begrenzt ist. Zeit ist begrenzt, weil jeder von uns sterben wird. Der Tod ist das Ende unserer individuellen Lebenszeit, das in unserer westlichen Ge-

sellschaft sehr häufig verdrängt wird. Damit wird aber auch die Tatsache verdrängt, dass unsere Zeit begrenzt ist und wir gehen anders mit ihr um. Kurzfristig lindert dieses Verdrängen Ängste, langfristig führt es aber fast immer dazu, das Leben weniger zufrieden und erfüllt zu erleben.
Wenn wir uns der Bedeutung von Zeit stärker bewusst werden, können wir leichter die richtigen Zeit-Entscheidungen treffen. In der heutigen Zeit versuchen viele, in Anbetracht der begrenzten Zeit immer mehr in einen Tag hineinzupacken oder mehrere Dinge gleichzeitig zu tun. Das löst aber nicht das ursächliche Problem, sondern führt in erster Linie zu mehr Stress und nicht zu einem besseren Umgang mit Zeit – und schon gar nicht zu mehr Zufriedenheit. Es geht darum, gezielt und bewusst Entscheidungen zu treffen für das, was uns wichtig ist. Denn: Wenn wir irgendwann im Leben zurückblicken, neigen wir immer dazu, nicht ergriffene Gelegenheiten zu bereuen und nur selten das, was wir tatsächlich getan haben.
Ein Anlageberater hilft uns dabei, unser Geld optimal zu investieren. Aber wer hilft uns dabei, unsere Zeit richtig zu einzusetzen?
Für die optimale Investition von Zeit bringen uns folgende Fragen weiter:
- Was erwarte ich vom Leben?
- Was ist der Zweck meines Daseins?
- Was ist mir wirklich wichtig?
- Wie kann ich meine Zeit gut nutzen?
- Wie kann ich meiner Zeit Bedeutung verleihen?

Diese Fragen über die Zeit sind eigentlich Fragen über den Sinn des Lebens, die jeder für sich beantworten sollte. Die Beantwortung dieser Fragen ist die Basis für ein erfülltes Leben, denn nur so kann es gelingen, die Zeit als unsere wertvollste Ressource gut zu nutzen.

Zeitperspektiven: Der Umgang mit Vergangenheit, Gegenwart und Zukunft

Ein weiterer Aspekt im Umgang mit der Zeit sind wahrgenommene Zeitperspektiven. Zeitperspektiven zeigen, wie jeder Einzelne von uns gemachte Erfahrungen und Erlebnisse in Zeitzonen einteilt. Das Erleben von Zeitperspektiven ist abhängig von Kultur, vom Herkunftsland und vom Entwicklungsstand einer Gesellschaft. Sie sind aber ebenso abhängig vom Einzelnen, von seiner sozialen Herkunft, vom Bildungsniveau und von seiner Erziehung. Das passiert völlig automatisch und unbewusst. Wenn wir Entscheidungen treffen, tun wir das immer abhängig von unserer bevorzugten Zeitperspektive. Manche Menschen sehen bei ihren Entscheidungen nur die augenblickliche Situation – was sie selbst gerade fühlen, was andere gerade tun. Menschen, die so situativ entscheiden, sind gegenwartsorientiert. Sie fokussieren auf das Jetzt. Für andere ist die Gegenwart nicht wichtig. Sie vergleichen, ob sie so eine ähnliche Situation bereits in der Vergangenheit hatten. Ihre Entscheidungen basieren auf Erinnerungen. Solche Menschen sind vergangenheitsorientiert. Sie fokussieren auf das was war. Andere wiederum fokussieren auf die Zukunft, auf die zu erwartenden Folgen einer Entscheidung. Sie erstellen laufend Kosten-Nutzen-Analysen. Sie sind zukunftsorientiert. Jede unserer Entscheidung beruht auf einer dieser drei Zeitperspektiven und jeder nutzt einzelne davon besonders stark.

In der westlichen Welt gibt es sechs verschiedene Perspektiven:
- die hedonistische und fatalistische Gegenwart
- die positive und negative Vergangenheit
- die zielorientierte und transzendentale Zukunft

Unser Leben beginnt bei der Geburt in der Gegenwart. Als Säugling existiert nur der Moment. Mit zunehmendem Alter verändern wir unsere Wahrnehmung mehr und mehr in Richtung Zukunft und Vergangenheit. Es gibt aber Menschen, die ihr Leben lang gegenwartsorientiert bleiben. Bei Gegenwartsorientierten unterscheiden wir zwischen Hedonisten und Fatalisten. Mit der umgangssprachlichen Gegenwart ist meist die hedonistische Gegenwart gemeint. Hedonisten genießen alles Angenehme und vermeiden alles Unangenehme. Sie suchen aktiv das Vergnügen und richten ihre Lebensentscheidungen an Aktivitäten und Beziehungen aus, die angenehm, aufregend und spannend sind. Sie meiden Menschen und Situationen, die mühsam sind oder große Anstrengung und Ausdauer erfordern. Sie leben häufig ein unbeständiges Leben, geben Impulsen nach und sind daher meist weniger gewissenhaft und diszipliniert.
Fatalisten hingegen sind überzeugt, dass ihr Leben vorbestimmt ist bzw. von Kräften bestimmt wird, auf die sie keinen Einfluss haben. Diese Einstellung haben vor allem stark religiöse Menschen und Menschen, die eine Serie von Schicksalsschlägen erlitten haben und irgendwann resigniert haben. Gegenwartsmenschen sind eher anfällig für Drogen und ungesunden Lebenswandel.
Die wahrgenommene Vergangenheit stellt nie die objektive Geschichte positiver oder negativer Ereignisse dar. Die positive Vergangenheit entsteht aufgrund positiver Ereignisse oder aber einer positiven Geisteshaltung, die es uns ermöglicht, aus schwierigen Lebenssituationen das Beste zu machen. Es beeinflusst uns wesentlich mehr, was wir glauben erlebt zu haben als das, was tatsächlich geschehen ist. Die Aussage von Nietzsche „Was mich nicht umbringt, macht mich härter" zeigt diese Einstellung recht gut.

Das Gegenteil davon ist die negative Vergangenheit. Sie kann auf negativen Ereignissen oder auf negativen Einstellungen beruhen, obwohl die Ereignisse eigentlich harmlos waren.
Wir können zwar vergangene Ereignisse nicht ändern, wir können aber die Sichtweise dazu verändern. Einstellungen und Sichtweisen zu ändern ist zwar nicht einfach, aber jedem von uns ist das schon einmal gelungen. Wir neigen erfreulicherweise dazu, die Dinge umso positiver zu sehen, je weiter sie in der Vergangenheit zurückliegen.
Die Zukunft wird wie die Vergangenheit nie direkt erlebt. Sie ist ein konstruierter Zustand und besteht aus Hoffnungen, Ängsten, Erwartungen und Wünschen. Sie ist das notwendige Gerüst für Erfolg. Talent ist zwar für außergewöhnlichen Erfolg notwendig, aber bei Weitem nicht ausreichend: Disziplin, Beharrlichkeit sind die wichtigeren Faktoren, die vor allem durch eine Zukunftsperspektive entstehen. Ebenso wichtig ist Selbstvertrauen, das sich vor allem durch eine positive Vergangenheit entwickelt. Sich auf die Zukunft zu orientieren bedeutet, den Bequemlichkeiten der Gegenwart zu entsagen. Oft bedeutet es, auf sofortiges Vergnügen zu verzichten. Zukunftsmenschen erleben die Vergangenheit als eine Sammlung von Fehlern und Erfolgen. Die Fehler müssen korrigiert und die Erfolge wiederholt werden. Die Gegenwart hat da meist sehr wenig Platz. „Zuerst die Arbeit, dann das Vergnügen" ist eine typische Einstellung zukunftsorientierter Menschen. Zukunftsmenschen achten auf ihre Gesundheit. Sie sind Macher und Problemlöser. Sie verdienen im Regelfall mehr Geld und geben bei Misserfolgen nicht leicht auf. Sie sind ehrgeizig und haben immer ihren Vorteil im Visier. Sie haben aber immer das Gefühl, zu wenig Zeit zu haben. Erfolgsorientierte Menschen sind meist zukunftsorientiert. Für Erfolg opfern sie oft Zeit mit der Familie,

mit Freunden, Freizeit & Hobbys, persönlichen Luxus und Schlaf. Damit beeinflusst diese Zeitperspektive auch direkt die Gesundheit. Sie leben oft für die Arbeit, den Erfolg und die Kontrolle.
Bei der transzendentalen Zukunft geht es um das Leben nach dem Tod. Diese Zukunftsform hat mit Spiritualität und Religiosität zu tun.
Ideal ist es, abhängig von der Situation zwischen den verschiedenen Perspektiven wechseln zu können. Wenn Sie an einem Projekt planen, sollten Sie zukunftsorientiert sein. Wenn Sie eine Tätigkeit möglichst gut und konzentriert machen wollen, ist es wichtig, gegenwartsorientiert zu sein. Und wenn Sie sich auf die Weihnachtsfeier mit Ihrer Familie einstimmen, ist es sinnvoll vergangenheitsorientiert zu sein.

Das optimale Zeitprofil und wie Sie es erreichen können
Forschungen von Phil Zimbardo, einem amerikanischen Psychologen, haben gezeigt, dass es so etwas wie ein optimales Zeitprofil gibt, bei dem Menschen im Allgemeinen am zufriedensten und glücklichsten sind. Dieses Idealprofil haben wir mit einer stark positiven Vergangenheit sowie einer einigermaßen stark ausgeprägten Zukunft und hedonistischen Gegenwart. Jede andere Ausprägung einer bestimmten Zeitperspektive hat mehr Nachteile als Vorteile.
Die positiven Erinnerungen aus der Vergangenheit geben Ihnen Wurzeln. Sie verknüpfen Familie und Identität. So stärken Sie die positive Vergangenheit:
- Schauen Sie sich regelmäßig Fotos an
- Rufen Sie immer wieder alte Freunde an
- Sagen Sie Ihren Eltern, dass Sie sie lieben
- Führen Sie ein Tagebuch
- Sagen Sie nahestehenden Menschen, dass Sie Ihnen dankbar sind.

Der gegenwärtige Hedonismus versorgt sie mit der Energie, sich selbst und andere zu entdecken, aber auch um zukünftige Aufgaben erfolgreich zu bewältigen. Folgendes können Sie tun, um mehr in der hedonistischen Gegenwart zu leben:
- Praktizieren Sie regelmäßig Entspannungsübungen
- Meditieren Sie oder machen Sie Yoga
- Spielen Sie mit einem Kind
- Lassen Sie sich einmal treiben
- Gehen Sie Karaoke singen
- Probieren Sie regelmäßig neue Restaurants aus
- probieren Sie regelmäßig Neues aus

Die zielorientierte Zukunft gibt Ihnen die Flügel, die Sie benötigen, um zu neuen Zielen und Herausforderungen aufzubrechen. So stärken Sie Ihre Zukunftsorientierung:
- Setzen Sie sich Ziele – kurz-, mittel- & langfristig
- Tragen Sie eine Armbanduhr
- Führen Sie To-Do-Listen
- Führen Sie einen Terminkalender

Sollten Sie bemerken, dass Sie viele der empfohlenen Punkte einer Zeitperspektive bereits leben, ist das ein guter Indikator, dass diese bei Ihnen besonders stark ausgeprägt ist. Im Anschluss finden Sie einen Fragebogen, mit dessen Hilfe Sie Ihre individuellen Zeitperspektiven ermitteln können. Viele Menschen in der westlichen Welt sind zukunftsorientiert. Die Zukunftsorientierung ist eine der wesentlichen Ursachen für den immer stärker empfundenen Stress unserer Zeit. Es gelingt zukunftsorientierten Menschen oft nicht mehr, ihre Batterien aufzuladen. Daher ist es ein Irrtum anzunehmen, dass wir durch Zukunftsorientierung dauerhaft erfolgreicher sind. Eine ausgewogene Zeitperspektive ist die Basis, um zufrieden zu sein. Sie ist aber auch die Basis, um nachhaltig erfolgreich zu sein. Es liegt an jedem Einzelnen, die Zeitperspektiven optimal für sich zu gestalten. Ich wünsche Ihnen einen guten und erfolgreichen Umgang mit Ihrer Zeit. Denn genau darum geht es. Aus jedem Jahr, Monat und Tag, aus jeder Stunde, Minute und Sekunde, die uns vergönnt ist, möglichst viel, möglichst viel Leben herauszuholen.

Werner Schweitzer

Literatur:

Phil Zimbardo: Die neue Psychologie der Zeit und wie sie Ihr Leben verändern wird, ISBN 978-3827421036

Fragebogen zur Feststellung der persönlichen Zeitperspektiven (Zimbardo Time Perspective Inventory) aus Phil Zimbardo: Die neue Psychologie der Zeit

Bitte lesen sie jede Aussage und beantworten sie möglichst ehrlich die Frage: „Wie charakteristisch oder zutreffend ist diese Aussage für mich?" Bitte beantworten sie alle folgenden Fragen.

Vorgesehene Antwortkategorien:
1 = sehr unzutreffend
2 = unzutreffend
3 = neutral
4 = zutreffend
5 = sehr zutreffend

	1	2	3	4	5
1. Sich mit Freunden zu treffen, um zu feiern, ist ein wichtiges Vergnügen im Leben.					
2. Vertraute Bilder, Geräusche und Gerüche aus der Kindheit wecken eine Flut wundervoller Erinnerungen.					
3. Das Schicksal bestimmt vieles in meinem Leben.					
4. Ich denke oft darüber nach, was ich in meinem Leben hätte anders machen sollen.					
5. In meinen Entscheidungen werde ich meistens von den Menschen und Dingen um mich herum beeinflusst.					

	1	2	3	4	5
6. Ich glaube, dass man seinen Tagesablauf jeden Morgen im voraus planen sollte.					
7. Ich denke gerne über meine Vergangenheit nach.					
8. Ich handle impulsiv.					
9. Wenn ich etwas nicht rechtzeitig schaffe, mache ich mir darüber keine Sorgen.					
10. Wenn ich etwas erreichen will, setze ich mir Ziele und überlege, mit welchen Mitteln ich diese genau erreichen kann.					
11. Im Schnitt habe ich deutlich mehr positive als negative Erinnerungen an meine Vergangenheit.					
12. Wenn ich meine Lieblingsmusik höre, vergesse ich oft die Zeit.					
13. Bevor man sich am Abend vergnügt, ist es wichtiger, bevorstehende Termine einzuhalten und andere notwendige Arbeiten zu erledigen.					
14. Da ohnehin alles so kommt wie es kommt, ist es egal, was ich tue.					
15. Ich mag Geschichten über die „guten alten Zeiten".					
16. Schmerzhafte Erfahrungen aus der Vergangenheit gehen mir nicht mehr aus dem Kopf.					
17. Ich versuche, mein Leben so erfüllt wie möglich zu leben, jeden Tag aufs Neue.					

	1	2	3	4	5
18. Es ärgert mich, zu spät zu Verabredungen zu kommen.					
19. Wenn ich könnte, würde ich jeden Tag leben, als wäre es mein letzter.					
20. Glückliche Erinnerungen aus guten Zeiten kommen mir leicht in den Sinn.					
21. Ich komme meinen Verpflichtungen gegenüber Freunden und Vorgesetzten pünktlich nach.					
22. Ich habe in der Vergangenheit genug Beschimpfung und Ablehnung erfahren.					
23. Entscheidungen treffe ich spontan.					
24. Ich nehme jeden Tag so wie er kommt, anstelle ihn durchzuplanen.					
25. Die Vergangenheit birgt zu viele unschöne Erinnerungen, an die ich lieber nicht denke.					
26. Ich brauche Aufregung im Leben.					
27. Ich habe in der Vergangenheit Fehler gemacht, die ich gerne rückgängig machen würde.					
28. Ich finde, dass es wichtiger ist, Spaß an dem zu haben, was man gerade tut, als seine Arbeit rechtzeitig zu erledigen.					
29. Wenn ich an meine Kindheit zurückdenke, werde ich wehmütig.					
30. Bevor ich eine Entscheidung treffe, wiege ich Kosten und Nutzen gegeneinander ab.					

	1	2	3	4	5
31. Risiken einzugehen bewahrt mich vor Langeweile in meinem Leben.					
32. Es ist für mich wichtiger, Spaß am Lauf des Lebens zu haben, als mich nur auf meine Ziele zu konzentrieren.					
33. Die Dinge entwickeln sich selten so, wie ich erwartet habe.					
34. Es fällt mir schwer, unschöne Bilder aus meiner Jugend zu vergessen.					
35. Es verdirbt mir die Freude an meinem Schaffensprozess, wenn ich mir über Ziele und Ergebnisse meiner Tätigkeiten Gedanken machen muss.					
36. Selbst wenn ich gerade die Gegenwart genieße, vergleiche ich sie doch immer wieder mit ähnlichen Erfahrungen in der Vergangenheit.					
37. Man kann die Zukunft nicht wirklich planen, denn die Dinge ändern sich so oft.					
38. Mein Lebensweg wird von Kräften bestimmt, die ich nicht beeinflussen kann.					
39. Es ist sinnlos, sich über die Zukunft Sorgen zu machen, da ich ohnehin nichts daran ändern kann.					
40. Ich erledige meine Vorhaben pünktlich, in dem ich konsequent daran arbeite.					
41. Wenn sich andere Familienmitglieder da-rüber unterhalten, wie es früher war, schalte ich ab.					

	1	2	3	4	5
42. Für mehr Abwechslung und Aufregung in meinem Leben, riskiere ich auch mal was.					
43. Ich mache Listen von Dingen, die zu erledigen sind.					
44. Ich folge häufiger meinem Bauchgefühl als meinem Kopf.					
45. Ich kann Versuchungen widerstehen, wenn ich weiß, dass es noch Arbeit zu erledigen gibt.					
46. Ich lasse mich von der Erregung des Augenblickes mitreißen.					
47. Das Leben heute ist zu kompliziert; ich würde das einfachere Leben, wie es früher war, bevorzugen.					
48. Ich mag lieber Freunde, die spontan sind, als solche, die alles im Voraus planen.					
49. Ich mag Familienrituale und Traditionen, die regelmäßig wiederholt werden.					
50. Ich denke oft an die schlechten Dinge, die mir in der Vergangenheit zugestoßen sind.					
51. Ich verfolge auch uninteressante Aufgaben weiter, wenn sie mich voranbringen.					
52. Ich gebe mein verdientes Geld lieber für Annehmlichkeiten heute aus, als es für die zukünftige Sicherheit zu sparen.					

	1	2	3	4	5
53. Oft macht sich Glück mehr bezahlt als harte Arbeit.					
54. Ich denke über die guten Dinge nach, die ich in meinem Leben verpasst habe.					
55. Ich möchte, dass meine engen Beziehungen leidenschaftlich sind.					
56. Es wird immer genug Zeit sein, meine versäumte Arbeit nachzuholen.					
57. Nur mein leiblicher Körper wird sterben.					
58. Mein Körper ist nur eine vorübergehende Bleibe für mein eigentliches Selbst.					
59. Der Tod ist lediglich ein neuer Anfang.					
60. Ich glaube an Wunder.					
61. Die Evolutionstheorie erklärt angemessen, wie der Mensch entstanden ist.					
62. Der Mensch hat eine Seele.					
63. Wissenschaftliche Gesetze können nicht alles erklären.					
64. Ich werde für mein Verhalten auf der Erde zur Rechenschaft gezogen, wenn ich sterbe.					
65. Es gibt göttliche Gesetze nach denen der Mensch leben sollte.					
66. Ich glaube an übersinnliche Wesen.					

Auswertung ZTPI
(Zimbardo Time Perspective Inventory)

Die Antworten zu folgenden Fragen werden invertiert:
9, 24, 25, 41, 56
d. h. 1 wird zu 5, 2 wird zu 4, 3 wird zu 3, 4 wird zu 2, 5 wird zu 1
Nachdem die Antworten invertiert wurden, werden jeweils die Punkte für die unten angeführten Fragen zusammengezählt. Und die Gesamtpunkteanzahl wird durch die Anzahl an Fragen geteilt.

Zeitperspektive „negative Vergangenheit"
Fragen: 4, 5, 16, 22, 27, 33, 34, 36, 50, 54
Anzahl: 10
Zeitperspektive „positive Vergangenheit"
Fragen: 2, 7, 11, 15, 20, 25 (inv.), 29, 41 (inv.), 49
Anzahl: 9
Zeitperspektive „hedonistische Gegenwart"
Fragen: 1, 8, 12, 17, 19, 23, 26, 28, 31, 32, 42, 44, 46, 48, 55
Anzahl: 15
Zeitperspektive „fatalistische Gegenwart"
Fragen: 3, 14, 35, 37, 38, 39, 47, 52
Anzahl: 9
Zeitperspektive „zielorientierte Zukunft"
Fragen: 6, 9 (inv.), 10, 13, 18, 21, 24 (inv.), 30, 40, 43, 45, 51, 56 (inv.)
Anzahl: 13
Zeitperspektive „transzendentale Zukunft"
Fragen: 57, 58, 59, 60, 61, 62, 63, 64, 65, 66
Anzahl: 10

Die eigenen Werte und ihre Zeitperspektiven:

Zeitperspektive	Anzahl	Summe	Mittelwert
Negative Vergangenheit	10		
Positive Vergangenheit	9		
Hedonistische Gegenwart	15		
Fatalistische Gegenwart	9		
Zielorientierte Zukunft	13		
Transzendentale Zukunft	10		

Erinnerungen als Motor
(von Michael Altenhofer)

"Erinnerungen sind das einzige Paradies
aus dem wir nicht vertrieben werden können."
Jean Paul

5) Erinnerungen als Motor

„Du bist, woran du dich erinnerst!". Diese Aussage habe ich in einem interessanten Artikel gelesen und soll die Einleitung in dieses Kapitel sein. Es geht um eine bestimmte Funktion unseres Gehirns, die sich auf die Vergangenheit bezieht, aber doch auch unsere Gegenwart und sogar Zukunft beeinflusst: unser Gedächtnis. Das, woran wir uns erinnern, ist ein Spiegelbild unserer gegenwärtigen Gedankenausrichtung. Wir erinnern uns an das, was wir unbewusst oder auch bewusst in unserem zukünftigen Leben noch erwarten. Erinnerungen wirken wie ein selbstregulierendes System: Wir suchen immer wieder die Umstände und Personen auf, die unsere Erinnerungen und somit auch Erwartungen bestätigen. Menschen mit starken Motiven und Zielen suchen automatisch nach Erinnerungen, die früher erlebte Erfolge zurückrufen, um sich daran zu erfreuen und neu zu motivieren. Ein beträchtlicher Teil der Menschen ist aber anders gepolt. Sie erinnern sich an Ereignisse, die schwierig, gefährlich und frustrierend waren. Diese Gruppe hat ihre Erwartungshaltung an die Zukunft nicht auf Wunscherfüllung, Anerkennung, Erfolg, Spaß und Glück gelenkt, sondern viel mehr auf das Vermeiden von unangenehmen Erlebnissen.
In diesem Kapitel erfahren wir, wie wir eine optimistische Gedankenausrichtung erlangen und diese verstärken.
Stellen Sie sich vor, Sie müssen sich zwischen zwei Möglichkeiten entscheiden. Die eine Möglichkeit bietet eine interessante Chance, ist aber mit einem Risiko verbunden. Die andere Möglichkeit ist, diese Chance nicht zu ergreifen. Obwohl sich diese Möglichkeit an die Zukunft richtet, wird auch Ihr Gedächtnis aktiviert und schaut in der Vergangenheit nach, ob es eine vergleichbare Situation schon mal gab. Als Metapher kann man sich im Gehirn verschiedene Aktenschränke mit Ordnern vorstellen. Ihr Gedächtnis-Mitarbeiter marschiert

also zu diesen Aktenschränken, zieht einen Ordner heraus und präsentiert Ihnen den Inhalt. Nun werden Sie sich höchstwahrscheinlich nach diesem Inhalt orientieren und fällen so Ihre Entscheidung. Wenn Ihnen ein Negativerlebnis gezeigt wird, werden Sie dieses Erlebnis vermeiden wollen und entscheiden sich gegen eine Chance. Wenn Ihnen ein Erfolgserlebnis nach dem Ergreifen einer früheren Chance gezeigt wird, dann werden Sie es auch jetzt wieder versuchen. Der Gedächtnis-Mitarbeiter hat allerdings nicht die Aufgabe, eigenständig zu überlegen, welchen Ordner er Ihnen präsentieren sollte. Er richtet sich nach dem, was Sie sehen möchten. Das spürt er intuitiv und geht deshalb immer zu den gleichen Schränken. Das heißt nicht, dass es sonst keine Schränke mit anderen Ordnern geben würde. Das bedeutet nur, dass Sie sich bisher von einer bestimmten Kategorie an Ordnern öfter leiten haben lassen und Ihr Gedächtnis-Mitarbeiter diese jetzt für die interessantere Kategorie hält.

Mit jeder weiteren Entscheidung, die wir aufgrund dieses Abgleiches in unseren Aktenschränken fällen, verstärkt sich dieser Trend. Und wir fällen fast jede Entscheidung nach diesem Prinzip, da wir in jeder Situation intuitiv nach vergangenen Situationen suchen, die eine Ähnlichkeit aufweisen. Für ein abwechslungsreiches Leben kann dieses Muster zum Verhängnis werden.

Es kann aus meiner Sicht nicht aufgeklärt werden, ob der Weg zu den bestimmten Aktenschränken im Gedächtnis zuerst da war und sich unsere Erwartungshaltung an die Zukunft daran begonnen hat zu orientieren. Oder ob wir aus irgendeinem anderen Grund eine bestimmte Erwartungshaltung haben und wir erst dadurch den Gedächtnis-Mitarbeiter immer wieder zu denselben Aktenschränken schicken, damit uns diese Erwartungshaltung bestätigt wird. So wie wir nicht wissen, ob zuerst die Henne oder das Ei da war.

Nachfolgend möchte ich eine Möglichkeit aufzeigen, wie wir eine neue Kategorie an Ordnern anlegen und unseren Gedächtnis-Mitarbeiter immer wieder dorthin schicken. Dieser Ordner beinhaltet unsere alltäglichen Highlights (ja, die gibt es!) sowie alle kleinen und großen Erfolgserlebnisse. Dieser Ordner kann die Aufgabe erfüllen, den Weg in unserem Gedächtnis dorthin attraktiver zu machen, damit er öfter benutzt wird. Und falls dies ohnehin schon der Fall ist, kann dieser neue Ordner diesen bereits vorhandenen Trend weiter verstärken.

Um diesen neuen „Gehirn-Ordner" anzulegen, führen Sie ein persönliches Highlight-Tagebuch. Ob diese Highlights durch Sie oder durch andere Umstände entstanden sind, ist nicht wichtig. Es geht nur um das Gefühl, das Ihnen dieses Ereignis vermittelt hat. Das Beste, was Sie heute erlebt haben, wird als Tageshighlight eingetragen. Am Ende der Woche betrachten Sie Ihre sieben Tageshighlights, spüren noch einmal in jedes einzelne Ereignis hinein und wählen das Wochenhighlight. Das setzen Sie einen Monat lang so fort und betrachten am Ende des Monats die vier Wochenhighlights, spüren noch einmal in jedes einzelne Ereignis hinein und wählen das Monatshighlight. Sie können das auch bis zum Jahreshighlight fortführen. Eine typische Reaktion auf diese Übung lautet: „Es gibt aber nicht jeden Tag ein Highlight." Haben Sie sich das auch gedacht? Ich meine, es gibt jeden Tag etwas, das man hier eintragen kann. Wenn es nichts ganz großes ist, gibt es zumindest eine Kleinigkeit. Und es spricht nichts dagegen, dass man selbst ein bisschen nachhilft. Jemandem ein Kompliment machen, sich unerwartet bei jemandem bedanken und Lob aussprechen, wären einige Beispiele. Die Reaktionen der betreffenden Personen können sehr leicht zu einem Highlight werden. Vor allem, da solche Handlungen sehr oft eine große Überwindung kosten und somit zu eigenen Erfolgserlebnissen werden. Oder sich

selbst ein Geschenk machen, sich für etwas belohnen und es genießen, sind weitere Beispiele für Highlights, um die man sich selbst kümmern kann.
Das Highlight-Tagebuch hat also mehrere Effekte: Sie beginnen mehr und mehr, im Alltag nach Highlights zu suchen. Das heißt, Sie entwickeln eine selektive Wahrnehmung nach positiven Ereignissen. Das hebt Ihre Grundstimmung und macht Sie automatisch optimistischer. Weiters entwickeln Sie Kreativität, wie Sie selbst zu Highlights kommen können, was Sie selbst dafür tun können. Das steigert Ihren Selbstwert, da Sie öfter Lust bekommen, sich selbst etwas zu gönnen. Durch den wöchentlichen Rückblick in diesem Tagebuch schicken Sie Ihren Gedächtnis-Mitarbeiter immer wieder zu diesem Ordner, in dem all diese Ereignisse abgelegt sind. Das bedeutet, dass Sie dadurch auch immer wieder an diese erlebten Gefühle erinnert werden und auch im Nachhinein sich dadurch gut fühlen. Da Sie die Übung fortführen, erwarten Sie auch in der Folgewoche wieder positive Erlebnisse. Ihrem Gedächtnis-Mitarbeiter sagen Sie dadurch, dass dieser Ordner nun der interessantere ist und er bei zukünftigen Situationen verstärkt dort nachschauen sollte. Diese Denkweise wird irgendwann zur Gewohnheit und das, was Sie noch vom Leben erwarten, sind dann Highlights, Erfolgserlebnisse und ganz einfach tolle Gefühle. Und diese Erwartungshaltung ermöglicht Ihnen einen Handlungsspielraum, der genau das in Ihr Leben bringt.

Michael Altenhofer

Literatur:

Artikel aus PSYCHOLOGIE HEUTE (07/12),
Michael Altenhofer: TU ES-Manifest gegen das Aufschieben
ISBN: 978-3-85358-012-7

Bausteine der Gelassenheit
(von Petra Baumgarthuber)

"Gelassenheit ist eine anmutige Form
des Selbstbewusstseins."
Marie von Ebner-Eschenbach

6) Bausteine der Gelassenheit

In vielen Gesundheits- und Lifestyle-Reportagen ist zu lesen, dass man gut beraten wäre, die Lebensbremse zu ziehen und stressige Umstände in den Griff zu bekommen. Ent-Schleunigung statt fortwährender Be-Schleunigung bringt uns weiter. Der Umgang mit den vielfältigen Stressoren im Alltag erfordert ein breites Spektrum an mentalen Werkzeugen und Strategien. Sie helfen uns dabei, nicht ins Schleudern zu geraten. Gelassenheit ist neben verschiedenen Entspannungsarten ein wichtiger Bestandteil der Entschleunigung.
Stressige Situationen, ein „reizender" Mitmensch – und es passiert, dass wir sprichwörtlich aus der Haut fahren. Besser für alle Beteiligten und auch für den weiteren Verlauf der Situation wäre es, gelassen zu bleiben und sich souverän der Situation zu stellen. Gelassenheit ist eine Eigenschaft, die ersehnt und bewundert wird, weil man sie eben gerade nicht hat. Gelassene Menschen wirken auf Ihr Umfeld meist weise, ausgeglichen und über den Dingen stehend.
Die schlechte Nachricht an dieser Stelle ist, dass Gelassenheit nicht durch eine Technik erlernt werden kann. Die gute Nachricht ist, dass es unterschiedliche Bausteine gibt, die hilfreich sind, sich in Gelassenheit zu üben. Diese Bausteine haben keinen Anspruch auf Vollständigkeit, sind aber kompatibel mit bisherigen Erfahrungen und können damit sogar ausgebaut und erweitert werden.
Die folgenden Bausteine können nicht alleine mit dem Verstand erfasst werden. Dazu werden auch Seele, Gedanken und Gefühle zum Erkennen eben dieser benötigt. Eine Erkenntnis kann sich blitzschnell aber auch allmählich und stufenweise einstellen. Steinchen für Steinchen – oder in diesem Fall – Baustein für Baustein.

1. Baustein: Vorsatz

Unser Grundstein ist der Vorsatz. Erst wenn wir innerlich eine Entscheidung dafür treffen und einen Vorsatz für uns selbst fassen, kann sich Gelassenheit in uns ausbreiten. Das Erlauben und dafür Platz machen ist die Grundvoraussetzung dafür.

Um einen Vorsatz fassen zu können, müssen wir daher von Zeit zu Zeit manche Gewohnheit überdenken. Ist zu erkennen, dass Angewohnheiten nicht mehr der Zeit oder den Anforderungen entsprechen, ist die beste Zeit für eine Anpassung. Über unsere Sinne nehmen wir Reize auf, transformieren sie zu Gefühlen und Erfahrungen und legen sie in unserem Speicher – unserem Gehirn – ab. Wenn wir diesen Vorgang wieder und wieder erleben und in gleicher Weise darauf reagieren, entsteht eine Gewohnheit. Daraus entwickelt sich ein Maßstab, den wir im Leben anlegen. Wir messen damit, wie etwas zu sein hat, wie wir uns verhalten und wie sich andere uns gegenüber verhalten sollten.

Sie alleine entscheiden, erlauben und machen es möglich, dass Veränderung stattfinden kann.

2. und 3. Baustein: Loslassen + Festhalten

Die Begriffe Loslassen (LoLa) und Festhalten gehen Hand in Hand und sind unsere täglichen Begleiter. Das Leben gleicht gelegentlich einer rasanten Fahrt mit einer Achterbahn. Wer schon einmal in einem Rollercoaster gesessen ist, der weiß, dass es mindestens zwei Möglichkeiten gibt, die Fahrt zu erleben. Entweder sitzt man locker im Waggon und gibt sich dem Vergnügen hin oder man hält sich krampfhaft am Bügel fest und betet, dass dieser Horror bald ein Ende hat. So unterschiedlich kann man ein und dieselbe Fahrt erleben.

Man sollte meinen, dass uns auch unsere Lebensfahrt einfacher fällt, wenn wir loslassen. Loslassen ist an und für sich leichter, weniger anstrengend und hat einen geringeren Energiebedarf. Das Festhalten entkräftet, wird mit der Zeit anstrengend und erfordert viel Energie. Eigentlich liegt in der Mentalität des Menschen, den Weg des geringsten Widerstandes zu gehen. Trotzdem klammern wir, halten krampfhaft fest und sträuben uns gegen alles Mögliche.
Die Ursache dafür liegt tief verwurzelt in uns. Die Menschen haben immer in Gruppen und Sippen gelebt. Dadurch hat sich die Chance zu überleben erhöht. Durch den Schutz des Gruppen- und Sippenlebens minimierte sich die Bedrohung des eigenen Lebens und das des Nachwuchses. Das Leben in Gruppen hatte viele Vorteile, forderte aber auch seinen Preis in Form von Richtlinien, Normen und Gesetzen. Meist hatte der Stammesführer die Gesetze zum Schutz der Gruppe festgesetzt. Solange man diese befolgte, war man Teil der Gruppe. Hielt man sich nicht daran, wurde man ausgeschlossen oder sogar getötet.

Auch die Erfahrungen unseres gegenwärtigen Lebens sind ähnlich. Als Baby sind wir schutzlos und wären ohne unsere Bezugspersonen, die sich um uns kümmern, nicht überlebensfähig. Wir sind empfänglich für Impulse der Umgebung. Die Bezugspersonen waren und werden immer bemüht sein, ihr Kind zu einem eigenständigen Teil der Gesellschaft zu erziehen. Meist wird versucht, durch Lob und Tadel den vermeintlich „richtigen" Weg aufzuzeigen. Der dabei oftmals durch sein Umfeld entstehende Liebesentzug ist existenziell und erzeugt unbewusste Ängste. Diese sind dann treue Wegbegleiter, eskortieren größtenteils unser Leben und beeinflussen unser Denken, Fühlen und Handeln.

Wir lernen durch das Erwachsenwerden, dass der vermeintlich leichtere Weg nicht über das „Loslassen" oder das *„Tun und Lassen was man will"* führt, sondern über ein laufendes sich Anpassen, Einordnen und Gehorchen. Obwohl das streckenweise viel Kraft und Energie kostet, vermeidet es jedoch, ausgeschlossen und ausgegrenzt zu sein und so manch andere Ängste.

Festhalten kann zwar zu den übertriebenen Verhaltensweisen unserer Gesellschaft führen (z. B. Ehrgeiz, Geltungsstreben, Konsumzwang, Unruhe u. v. m..), für viele ist es jedoch immer noch der leichtere Weg.

Loslassen und Festhalten ist nicht immer automatisch gut oder schlecht. Beides birgt Qualitäten. Es gibt Situationen, in denen Festhalten von Bedeutung ist. Möglicherweise kennen Sie jemanden, dem das Geld förmlich in den Händen zerrinnt und der seine Finanzen nicht wirklich im Griff hat. Die Qualität des Festhaltens wäre hier von großem Vorteil. Während ein gewisses Maß an Loslassen gefordert ist, wenn beispielsweise Kinder erwachsen werden und letztendlich von zu Hause ausziehen. Loslassen erleichtert hier allen Beteiligten die neue Situation.

Sigrid Engelbrecht hat einen Fragebogen entwickelt, der das individuelle Verhaltens-Profil und Loslass-Potenzial erkennen lässt. Das Ergebnis bietet eine Entscheidungsgrundlage, wann gewohnte Muster beibehalten und wann Verhaltensweisen losgelassen werden sollen. Es kann helfen, sich selbst besser zu verstehen und seine blinden Flecken zu erkennen.

Wären Loslassen und Festhalten immer einfach, wüssten wir genau, was uns weiterbringt oder vom Glück abhält. Vermutlich gäbe es weniger Situationen die uns explodieren lassen und Gelassenheit könnte sich öfter bei uns niederlassen.

4. Baustein: Einstellung

Gelassenheit kann auch als innere Einstellung definiert werden. Wer Gelassenheit ersehnt, kommt nicht darum herum, seine Einstellung zu prüfen.
Sie kennen vielleicht die Frage, was als erster da war – die Henne oder das Ei? Die Suche nach einer plausiblen Antwort bringt uns in ein gedankliches Labyrinth. Ähnlich verläuft die Suche nach der Frage, was zuerst da ist – die innere Ruhe oder die positive Lebensenergie? Im Grunde genommen ist es egal, wichtig dabei ist, einen Zustand von Ruhe zu finden und diesen möglichst lange aufrechtzuerhalten. Die Folge davon ist, glücklicher und zufriedener zu leben. Wechselweise tritt aber auch innere Ruhe ein, wenn man glücklich und zufrieden ist. Glückliche Augenblicke lassen uns Dankbarkeit für diesen Moment empfinden und wir sind zufrieden mit uns und der Welt. In dieser Situation erleben wir uns selten als hyperaktiv, sondern eher ruhig oder in uns ruhend.
Eine optimistische Lebenseinstellung erweist sich dabei als hilfreich, ruhiger zu werden und auch mehr Glück und Zufriedenheit zu empfinden. Das klingt eigentlich ganz plausibel – aber wie funktioniert das Optimistisch sein?
Die Basis dafür ist das Gefühl der Liebe. Liebe hat viele Facetten – Liebe zum Partner, zu anderen Menschen, zu Tieren, zu Dingen, zum Leben und vor allem zu sich selbst (!). Die Antwort vieler Menschen auf die Frage nach dem Gegenteil von Liebe lautet meistens Hass. Die Erfahrung zeigt jedoch, dass Hass eher ein Nachbar von Liebe ist. Dieses Gefühl kann schneller umschlagen als man glaubt (es liegt meist nur einen Seitensprung weit davon entfernt). Das Gegenteil von Liebe liegt vielmehr schlicht im Fehlen derselben. Die Abwesenheit von Liebe macht sich in allen Formen der Angst bemerkbar:

- nicht angenommen zu werden
- nicht geliebt und möglicherweise übersehen/übergangen zu werden
- angreifbar, verletz- und verwundbar zu sein
- eine falsche Entscheidung zu treffen (und es zu bereuen)
- Kritik und Missbilligung ausgesetzt zu sein
- zu versagen oder es nicht zu schaffen

Erst wenn wir beginnen VERTRAUEN aufzubauen, beginnen wir, Optimismus zu leben.
- VERTRAUEN ins Leben
- VERTRAUEN in andere Menschen
- VERTRAUEN ins System des Lebens
- VERTRAUEN in das GUTE
- VERTRAUEN IN UNS SELBST(!)

Der letzte Punkt ist existenziell und Basis dafür, dass alle Hürden im Leben zu bewältigen sind. Dieses Vertrauen brauchen wir, um den Sinn im Leben zu sehen und Handlungen für ein glückliches Leben zu setzen.

Wenn sich ein Problem in den Weg stellt, will es gelöst oder zumindest umgangen werden. Dazu brauchen wir Eigenschaften wie Offenheit, Kreativität und Neugier, um neue Wege zu finden

Aussagen wie „... es ist halt so, da kann man nichts machen ..." sind Anzeichen von Resignation. Aufgeben verleitet jedoch dazu, sich wehrlos und chancenlos zu fühlen (was sicher nicht zur Gelassenheit beiträgt).

Gelassenheit ≠ Resignation

Findet nachstehende Aussage ihre Zustimmung?

Gelassenheit = Gleichgültigkeit

In Situationen ruhig zu bleiben, gelingt uns vielleicht besser, wenn wir Gleichgültigkeit im Sinne von „gleich gültig" anerkennen. Eine andere Meinung erhebt berechtigterweise ebenso Anspruch auf Richtigkeit, auch wenn sie im Augenblick unbequem und nicht passend erscheint.

Möglicherweise finden sich in unserer Vergangenheit ähnliche Situationen. Wir haben alle schon aus vollster Überzeugung empört reagiert, weil unser Gegenüber unsere Ansicht nicht geteilt hat. Wir haben unsere Sicht der Dinge verteidigt, haben an unserer Version festgehalten und ganz und gar nicht gelassen reagiert. Im Nachhinein hat sich beschämenderweise herausgestellt, dass die Sichtweise des anderen doch nicht so verkehrt war.

Es darf auch andere Meinungen und Sichtweisen neben den eigenen geben. Recht haben ist immer eine Ansichtssache. Seine Einstellung zum Leben von Zeit zu Zeit etwas näher zu betrachten und die Basis seiner Gedanken zu inspizieren, fördert die innere Ruhe und somit die Gelassenheit.

Wie sieht es mit Ihrer Grundeinstellung zum Leben aus – können Sie nachstehenden Vorannahmen zustimmen?

- Jede Person hat alles in sich, was sie zum Leben braucht. Dazu zählt die Überzeugung, in Sicherheit zu leben, bei Bedarf Hilfe zu bekommen, von der Sinnhaftigkeit des Lebens, dass Probleme überschaubar sind, sich selbst zu vertrauen und dass Veränderung ein Lebensprinzip ist.
- Jedes Verhalten hat eine positive Absicht (jede Situation hat etwas Positives in sich). Nichts im Leben ist nur negativ – alles hat auch etwas Positives verborgen (notfalls muss man danach graben).
- In jeder Situation haben wir immer mindestens drei Wahlmöglichkeiten. Auch wenn wir aufgrund unserer Überzeugung bestimmte Optionen nicht wählen würden, stellen sie dennoch eine Entscheidungsmöglichkeit dar. Wir treffen Entscheidung aus Eigenverantwortung und nicht, weil uns Umstände dazu zwingen.
- Wir geben ein Verhalten erst dann auf, wenn wir etwas Besseres/Nützlicheres gefunden haben. Gelassen und ruhig zu bleiben und dadurch eine Situation positiv zu beeinflussen, kann einen erheblichen Mehrwert darstellen.
- Es gibt keine Zufälle – jede Situation, jeder Mensch ist ein Spiegel für uns. Dieser zeigt unsere vernachlässigten und/oder verdrängten Seiten. Möglicherweise reagieren wir deshalb aufgebracht und empört, um Ausdruck unserer Missachtung zu zeigen.
- Jede Person tut stets das Beste, was ihr zum jeweiligen Zeitpunkt möglich ist. Auch wenn dieses Beste nicht mein Bestes ist, wird die Situation nicht verändert, wenn ich lautstark dagegen protestiere.

5. Baustein: Struktur

Gelassenheit bekommt Unterstützung, wenn Struktur ins Leben kommt. Eine wirksame Aktivität ist das Entrümpeln von

unnötigen Dingen. Hermann Scherrer rät in seinem Buch „Glückskinder" dazu, 100 Dinge auszusortieren, zu entsorgen, zu verschenken oder zu verkaufen. Dies erfordert Überwindung, man gewöhnt sich aber daran. Man macht das so lange, bis man den Setzkasten des Lebens geleert hat, denn „Wer loslässt, hat zwei Hände frei".
Die nötige Überwindung aber auch den nötigen Mut dazu können Sie durch nachfolgende Tipps in kleinen Schritten üben:

10 Tipps „Weg mit dem Ballast"
1. Entrümpeln Sie konsequent Zimmer für Zimmer. Werfen Sie Dinge weg, die Sie nicht mehr brauchen oder schon länger nicht mehr benutzt haben. Machen Sie Ramsch zu Geld und verkaufen Sie nicht länger Benötigtes im Internet oder auf dem Flohmarkt.
2. Wenn Sie genug haben vom überfüllten Briefkasten durch Werbeblätter, besorgen Sie sich einen Aufkleber „Bitte keine Werbung und kostenlose Zeitungen einwerfen".
3. In fast jedem Küchenregal oder im Kühlschrank sammeln sich Gläser mit Produktresten an. Entsorgen Sie alles, was nicht mehr zu genießen ist. Auch im Badezimmer kommen viele Tiegel, Sprühflaschen oder Dosen mit Rest-Volumen zusammen.
4. Kennen Sie das gute Gefühl, wenn Ordnung und Übersicht im Kleiderschrank eingekehrt ist? Oder sammeln sich in Ihrem Kleiderschrank Hosen, Kleider, Röcke, Hemden und Blusen, die Sie zuletzt vor Jahren getragen haben? Natürlich wissen Sie in Ihrem tiefsten Inneren, dass Sie diese Sachen nie wieder anziehen werden. Misten Sie Ihren Schrank aus und spenden Sie diese Kleidung anderen Menschen.
5. Sie rufen ständig Ihre E-Mails ab oder schauen öfters bei Facebook, Twitter & Co vorbei? Richten Sie sich feste

Zeiten dafür ein! Das spart Zeit und wenn Sie ehrlich sind, verpassen Sie nicht viel, wenn Sie sich nur zu fixen Zeiten einloggen.
6. Sie erhalten etliche Newsletter, die Sie nie lesen, die aber schon in der Früh Ihren elektronischen Posteingang unnötig füllen? Melden Sie diese ab und sorgen Sie dafür, dass Sie nicht mit unnötigen Informationen zugeschüttet werden.
7. Führen Sie Ihren Kalender bzw. ein Tagebuch. Darin können Sie berufliche Termine, Verabredungen mit Freunden und Familienfeiern schriftlich notieren und müssen sich diese nicht merken – so halten Sie Ihren Kopf und Ihren Geist frei.
8. Gibt es in ihrem Büro oder bei Ihnen zu Hause einen oder mehrere ungeordnete Stapel Papier? Unterlagen die älter als 5 Jahre sind werden Sie wahrscheinlich nie wieder brauchen. Weg damit – aktuelle Informationen sind im Internet jederzeit abrufbar.
9. Wenn Sie mehr Müll als Fahrgäste in Ihrem Auto transportieren, wird es höchste Zeit, Pfandflaschen, geknüllte Taschentücher oder sonstigen Abfall zu entfernen.
10. Sie haben Sperrmüll und alte Geräte herumstehen? Entsorgen Sie alles und entrümpeln Sie Ihre Umgebung.

Struktur kann aber auch im Inneren entstehen. Nehmen Sie sich dazu Zeit und betrachten Sie mit dem nötigen Abstand Ihr Leben. Schreiben Sie auf, was im Augenblick in Ihrem Leben die Plus-Punkte sind und welche Minus-Punkte es gibt. Daraus ergibt sich eine Plus-/Minus-Liste. Beantworten Sie die Fragen ganz in Ruhe und hinterleuchten Sie mögliche Lebensbereiche.

Konkretisieren können Sie beide Punkte, indem Sie sich auch fragen, was Sie genießen und angenehm empfinden

oder was Sie eher unangenehm und nicht so schön finden. Diese Fragen können Sie im Hinblick auf verschiedene Lebensbereiche stellen, z. B.
- Beruf und Arbeit
- Freizeit und Privatleben
- Gesundheit und geistige Weiterentwicklung
- Finanzen und Besitz

gesellschaftliches Leben (z. B. ehrenamtliche Tätigkeiten.) Gefühlsleben und ihr Verhältnis zu sich selbst (an was Sie glauben, was Ihnen wichtig erscheint)

Die Aufstellung lässt erkennen, wo gegebenenfalls Grenzen zu ziehen sind, was Sie verändern sollten und auch, welchen Dingen Sie in Ihrem Leben mehr Raum geben sollten. Ein weiterer Vorteil dabei ist, dass man sich Zeit für sich selbst nimmt und sich bewusst macht, wie sich das eigene Leben anfühlt. Das steigert die Aufmerksamkeit sich selbst gegenüber.

6. Baustein: Kommunikation

Denken ist lautloses Sprechen. Wir denken bzw. sprechen lautlos bis zu 60.000 Wörter pro Tag. Dadurch beeinflussen wir unsere Gefühle und unser Verhalten. Dieser Baustein ist daher der Kommunikation mit sich selbst aber auch mit unserer Umgebung gewidmet.

Durch aktives Zuhören und Hinterfragen kann man beim Informationsaustausch erkennen, was einen auf die Palme bringt. Wer in sich hineinhört, wird meist mehr als eine Stimme vernehmen. Meist schlagen mehrere Seelen in einer Brust. So wie jede Persönlichkeit vielseitig ist, gibt es auch mehrere Stimmen in einem zu hören. Dies ist völlig normal und stellt keine Zeichen für eine neurologische Störung oder

gar einen Hinweis auf eine multiple Persönlichkeit dar.
Schulz von Thun hat das Modell des „inneren Teams" entwickelt, um das Seelenleben in verständlicher Weise sichtbar und greifbar zu machen. Wenn man sich dessen bewusst ist, kann man das innere Team lokalisieren und sich zu Nutze machen. Es gibt eine Vielzahl von inneren Stimmen und jede besitzt Weisheit und Qualität. Es bedarf aber auch Kompetenzen, dieses Team bei Zerrissenheit und Uneinigkeit zusammenzuführen. Es ist eine erlernbare Aufgabe, seine zerstrittenen Anteile wieder zu einen und eine gute Möglichkeit zu innerem Frieden zu gelangen.
Ein alternatives und erlernbares Instrument auf dem Weg zur Gelassenheit ist die Kommunikationstechnik „Reframing". Ereignisse, die unser Leben nerven, können meist nicht verhindert werden. Jedoch kann dieser Situationen eine andere Bedeutung und Bewertung gegeben werden.
Beispiel: Die Aussage „sein Schnarchen stört mich derart, dass ich …" bekommt eine andere Dimension durch „gut, dass ich nicht alleine bin und jemanden habe, der bei mir ist." Meistens kämpft man gegen etwas an, weil es einem nicht gefällt oder weil man meint, dass es „falsch" sei. Ein Problem von einer anderen Seite zu betrachten, erleichtert oft den Zugang zu Lösungsansätzen.

7. Baustein: Bewegung

Nichts kann das Wohlbefinden und die Gesundheit derart beeinflussen wie Bewegung und Ernährung. Bewegung ist die Eintrittskarte für Veränderung, darum ist sie ein wesentlicher Baustein für die Gelassenheit.
Je nach Stressverhalten werden im Köper unterschiedliche Hormone erzeugt, die unser Verhalten beeinflussen. Stresshormone wie Adrenalin, Noradrenalin und Cortisol

können einzig durch Bewegung abgebaut werden. Unser vermindertes Bewegungsverhalten ist Ursache für Unwohlsein, diffuse Beschwerden und blankliegende Nerven. Jeder Mensch hat zwei Alter. Was zählt ist nicht das kalendarische, sondern das biologische Alter. Das ist das Alter unseres Körpers (der Knochen, Muskeln, Sehnen und Organe). Ein Sprichwort sagt *„sei liebevoll zu deinem Körper, damit die Seele Lust hat, darin zu wohnen"* (Theresa von Avila). Halten Sie Ihr biologisches Alter möglichst niedrig, dann fühlt sich die Seele wohl in ihrer menschlichen Hülle.

In Bewegung bleiben heißt, Reserven zu schaffen, um die Anforderungen des Alltags gut zu meistern. Bringen Sie so viel Bewegung wie möglich in Ihr Leben und bauen Sie damit die Stresshormone ihres Körpers ab.

8. Baustein:

Die 10 Gebote der Gelassenheit (nach Papst Johannes XXIII.) stellen im Wesentlichen eine Zusammenfassung der vorgestellten Bausteine dar und sind ein Angebot für eine einfache und unkomplizierte Lebensphilosophie:

- Den heutigen Tag werde ich leben, ohne die Probleme meines Lebens auf einmal lösen zu wollen.
- Heute werde ich zurückhaltend auftreten und andere nicht mutwillig kritisieren oder verbessern – nur mich selbst.
- Heute werde ich in der Gewissheit leben, dass ich glücklich sein darf und mich nicht für alle Probleme verantwortlich fühlen muss.
- Heute werde ich mich den Umständen anpassen, ohne zu verlangen, dass die Umstände sich meinen Wünschen anpassen.
- Heute werde ich 10 Minuten einer guten Lektüre widmen, statt mich 20 Minuten über andere zu ärgern.

- Heute werde ich eine gute Tat vollbringen, ohne anderen davon zu erzählen.
- Heute werde ich etwas tun, wozu ich eigentlich keine Lust verspüre ... und ich werde mich bei niemandem beschweren oder meine schlechte Laune bei ihm abladen.
- Heute werde ich ein Tagesprogramm aufstellen. Vielleicht wird es nicht hundertprozentig eingehalten werden, aber es hilft gegen Stress und gegen Unentschlossenheit.
- Heute werde ich keine Angst haben – und damit auch keine Unsicherheit aufkommen lassen, die mich aus der Bahn werfen könnte.
- Heute will ich mich am Erreichen freuen und nicht dem hinterher trauern, was ich versäumt habe.

Gutes Gelingen und viel Erfolg beim Anwenden der Bausteine am Weg zur Gelassenheit.

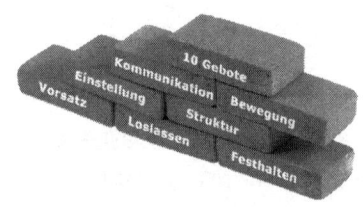

Petra Baumgarthuber

Literatur:

Engelbrecht Sigrid: Lass los, was deinem Glück im Weg steht, ISBN 9783833813702

Scherrer Hermann, Glückskinder, ISBN 978-3-593-39349-0

Schulz von Thun, Stegemann Wibke, Das innere Team in Aktion, ISBN 9783499616440

Johannes XXIII.: Für das Glück geschaffen: Die zehn Regeln der Gelassenheit, ISBN 9783746221199

Übung:

Eine effektive Übung für Gelassenheit ist ein gezieltes Atmen-Training. Was auch passiert – atmen Sie immer erst einmal tief durch. Wenn Sie gestresst sind oder Sie eine Situation überfordert, neigen Sie zu schnellem und flachem Atmen.

Durch gezieltes und tiefes Luftholen können Sie Stress, Anspannung und sogar Angst regelrecht wegatmen. Wenn Sie tief einatmen, signalisieren Sie dadurch Ihrem Körper, dass die jeweilige Situation „nicht so schlimm" ist und Sie alles im Griff haben. Damit unterbrechen Sie den normalerweise unbewussten und automatischen Prozess, durch den Sie angespannt und unruhiger werden.

Nehmen Sie sich etwas Zeit und schließen Sie die Augen. Konzentrieren Sie sich auf Ihre Atmung und lassen Sie diese natürlich fließen – ohne sie zu beeinflussen. Nehmen Sie wahr, wo im Körper der Atem zu spüren ist. Lenken Sie die Aufmerksamkeit auf Ihren Naseneingang. Spüren Sie die einströmende Luft und nehmen Sie die Temperatur der Atemluft wahr. Verfolgen Sie den Atemstrom von den Nasenlöchern in die Nasenhöhle hinein. Versuchen Sie, die Luft zu riechen. Wie weit können Sie die Atemluft verfolgen?

Spüren Sie Ihren Atemstrom in der Luftröhre nach, an den Stimmbändern vorbei bis in den Bereich der Bronchien. Machen Sie sich bewusst, wie die Luft durch die Bewegung des Zwerchfells in die Lungen gezogen wird. Spüren Sie, wie sich Brustkorb und Bauchraum beim Einatmen dehnen und beim Ausatmen zusammenziehen. Spüren Sie die Bewegung Ihrer Rippen und atmen Sie tief in Ihren Bauchraum hi-

nein, ganz tief hinein bis zum Beckenboden hinunter. Atmen Sie nun tief durch die Nase ein. Tun Sie dies ohne Zwang und heben dabei weder die Schultern noch drücken Sie die Brust heraus. Stellen Sie sich vor, Sie atmen reine, saubere und kraftvolle Energie ein.
Halten Sie nun für eine Sekunde den Atem an. Nun pressen Sie den Sauerstoff und die eingeatmete Energie in Hände, Füße und in Ihren Kopf. Atmen Sie nun langsam durch den leicht geöffneten Mund hörbar aus. Wiederholen Sie den Vorgang einige Male und lassen Sie Ein- und Ausatmung so ineinander gehen, dass die Luft scheinbar endlos ein- und ausströmt.

Spüren Sie nach, wie beim Ausatmen die Spannung aus Ihrem Körper über die Beine in den Boden abfließt. Konzentrieren Sie sich auf die Spannung, die aus Ihrem Körper austritt.

Abschließend kommen Sie wieder mit Ihrer Aufmerksamkeit zurück in die Gegenwart. Nehmen Sie Ihre Umgebung wahr und atmen Sie in Ihrem gewohnten Rhythmus weiter. Öffnen Sie die Augen und freuen Sie sich auf das, was vor Ihnen liegt.

Inner Game –
Im Kopf zum Erfolg
(von Werner Schweitzer)

"Unser Leben ist das Produkt unserer Gedanken."
Marc Aurel

7) Inner Game – Im Kopf zum Erfolg

Erinnern Sie sich noch daran, wie Sie Gehen gelernt haben? In der Regel brauchten Sie dazu keinen Lehrer oder Trainer. Sie haben sich an den „Vorbildern" um Sie herum orientiert. Sie haben es so lange probiert, bis Sie die ersten eigenständigen Schritte in die Arme Ihrer Mutter oder Ihres Vaters geschafft haben. Sie haben es durch ständiges Ausprobieren und Üben gelernt. Jeden Tag, jede Stunde. Vor allem nicht durch Training unter Anleitung, heute funktioniert das Gehen automatisch. Müssten Sie dauernd darüber nachdenken, welchen Muskel Sie wann einsetzen müssen, in welchem Winkel Sie das Bein nach vorne setzen müssen, wie Sie den Fußballen abrollen, dann wäre das ziemlich mühsam und Sie würden wahrscheinlich irgendwann frustriert aufgeben. Tim Galway hat mit „Inner Game" eine Methode entwickelt, die die kindliche Form des Lernens zunächst in den Sport transferiert. Dort ist das Erlernen von Bewegungsabläufen genauso schwierig wie das Erlernen des Gehens als Kleinkind. Bei den meisten Trainingsmethoden erhält ein Sportler Anweisungen, wie bestimmte Bewegungen durchzuführen sind. Der Sportler hört dabei Aussagen wie „Geh in den Ball hinein ...", „Du sollst ...", „Du darfst nicht ...". Im besten Fall vertraut der Sportler dem Trainer und will alles richtig machen. Meist ist das ziemlich mühsam und aktiviert einen inneren Dialog bei jedem Bewegungsablauf. Im Befehlston gibt eine innere Stimme Kommandos, wie eine Handlung durchgeführt werden soll und nach der Handlung gibt diese innere Stimme eine Bewertung der Leistung ab. Oft hört sich das (z. B. bei einem Golfspieler) folgendermaßen an: „Ein schrecklicher Schlag. Warum konzentrierst du dich nicht besser?". Ist dieser innere Dialog hilfreich oder vermindert er die Leistung?

Leistung ist Potenzial – Störung
Diese Formel wurde von Tim Galway entwickelt.

Leistung = Potential - Störung

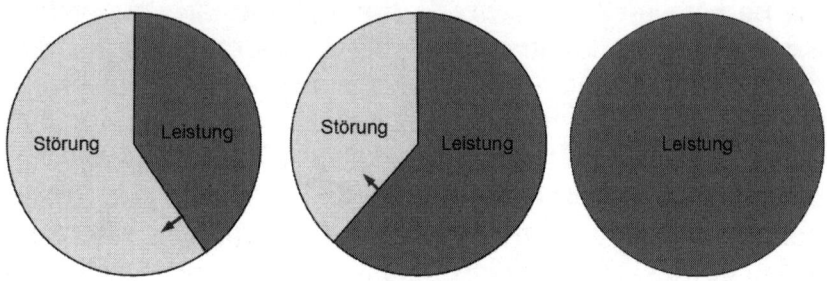

Das Potenzial ergibt sich aufgrund des Talents und des Trainings sowie der Erfahrung im jeweiligen Bereich. Die Leistung entspricht aber nur selten dem Potenzial – ein wenig Selbstzweifel, eine ungünstige Überzeugung, Angst vor dem Versagen – mehr ist nicht notwendig, um die Leistung erheblich zu schmälern. Bei der Inner Game Methode geht es darum, Einflüsse und Störungen, die uns daran hindern unser Potenzial voll auszuschöpfen, zu minimieren.
Spitzensportler wissen meist nicht, woran sie im Moment ihrer Bestleistungen denken bzw. gedacht haben. Sie sagen ihr Geist war ruhig und fokussiert. Interessanterweise sind in diesen Momenten die erbrachten Leistungen am besten.
Tim Galway hatte die Inner Game Methode zunächst für Tennisspieler entwickelt. Er hörte auf, dem Spieler Anweisungen zu geben, wie er sich bewegen und wie er zum Ball gehen soll. Stattdessen hat er dem Spieler einen einfachen Auftrag gegeben. Er soll sich nur auf das Wesentliche konzentrieren und das ist im Tennis der Ball. Jedes Mal, wenn der Ball auf ihn zukommt, soll er feststellen, ob der Ball von oben, gerade oder von unten kommt. Dadurch ist der Spieler ausreichend

auf den Ball fokussiert und hat keine Zeit mehr für störende Gedanken. Tim Galway stellte fest, dass die Qualität der Schläge signifikant besser ist, solange die Fokussierung auf den Ball nicht wertend erfolgt. Sobald jedoch eine subjektive Bewertung hinzukommt, ist die Gefahr groß, dass der innere Kritiker wieder das Kommando übernimmt und die Qualität der Schläge nachlässt.

Egal, auf welchem Niveau das individuelle Potenzial liegt, es wird dann am besten ausgeschöpft, wenn die kritische innere Stimme ruhig ist. Diese Erkenntnis gilt nicht nur für den Sport, auch wenn sie dort in erster Linie erfahren und eingesetzt wird. Bei jeder Tätigkeit ist es so, dass die Bestleistung dann erbracht wird, wenn keine Störungen (innere wie äußere) vorhanden sind.

Flow
Die beste Methode, um Störungen zu vermeiden, ist der Zustand der fokussierten Aufmerksamkeit. Fokussierung ist ein wesentlicher Bestandteil außergewöhnlicher Leistungen, unabhängig von Fähigkeiten oder Alter. Fokussierung bedeutet ganz bei einer Sache zu sein. Egal, ob beim Tennis oder Golf spielen, ob es darum geht einen Vertrag auszuhandeln, ein Produkt zu verkaufen oder ein Gespräch zu führen. Es bedeutet bei dieser Sache zu bleiben ohne abzuschweifen. Nur wenn dem Tun die volle Aufmerksamkeit geschenkt wird, lassen sich alle Ressourcen und damit das volle Potenzial nutzen. Denn sobald wir fokussiert bei der Sache sind, haben wir keine Zeit für Selbststörungen. Es gibt einfach keinen Platz mehr für Zweifel oder Ängste. Das nennt man den Flow-Zustand. Im Flow-Zustand sind die eigenen kritischen Persönlichkeitsanteile ruhig. In diesem Zustand lernen wir auch am besten. Mit dem Verlust der Aufmerksamkeit reduziert sich aber sofort auch die Leistungsfähigkeit und damit die Produktivität.

Das Erreichen des Flow-Zustands lässt sich nicht erzwingen. Genauso wenig lässt sich der innere Kritiker zwingen ruhig zu sein. Jeder, der versucht ihn ruhig zu stellen, wird feststellen, dass er dadurch nur gestärkt wird. Es gelingt uns nicht, ihn mit seinen eigenen Waffen zu schlagen.

Der Flow-Bereich ist jener Bereich, bei dem Herausforderung und Fähigkeit in einem Verhältnis stehen, das Flow erst möglich macht. Sind die Herausforderungen größer als die Fähigkeiten, kommt man schnell in die Überforderung, wodurch Stress und Angst entstehen können. Sind die Fähigkeiten größer als die Anforderungen kommt es zu Unterforderung und damit zu Frust und Langeweile. Der Flow-Bereich ist erst ab einem gewissen Niveau einer Fähigkeit erreichbar. Anfänger können demnach kaum in den Flow-Zustand kommen. Ab einem bestimmten Fähigkeitsniveau kann dieser Bereich aber von jedem erreicht werden.

Wenn wir durch eine Tätigkeit nicht gefordert sind, können wir uns durch Erhöhung der Anforderung dem Flow-Zustand nähern. Die Anforderung können wir erhöhen, indem wir entweder den Anspruch an die Qualität erhöhen oder indem wir einzelnen Details mehr Aufmerksamkeit schenken als eigentlich nötig. Das ist auch Tim Galways Methode, den Flow-Bereich zu erreichen.

Es geht darum, die Gedanken auf das Wesentliche zu fokussieren. Für den Tennisspieler ist der Tennisball das Wesentliche. Wesentlich ist auch eine nicht wertende Haltung. Es ist nicht gut oder schlecht wie der Tennisball über das Netz fliegt, sondern es geht nur um die Beobachtung. Wenn die Aufmerksamkeit steigt, lassen die Selbststörungen automatisch nach und die Leistung wird besser.

Flow im Beruf
Wie ist das im Berufsleben anwendbar? Auch hier erreichen wir bei sehr wenigen Tätigkeiten einen Flow. Gerade bei Routinetätigkeiten versuchen wir durch Kontrolle ein effizientes Abarbeiten zu erreichen. Genau hier kann die Methode der fokussierten Aufmerksamkeit unterstützen. Für einen routinierten Verkäufer ist das Kundengespräch durch seine langjährige Erfahrung keine besondere Herausforderung mehr, daher kommt es häufig vor, dass seine Gedanken während des Gespräches abschweifen. In diesem Fall leidet die Qualität des Gesprächs, der Kunde fühlt sich wahrscheinlich nicht wohl und kauft im Regelfall dort, wo er sich besser betreut fühlt. Der Verkäufer kann sich, um die Herausforderung zu erhöhen, genauso wie der Tennisspieler auf das Wesentliche konzentrieren. Das Wesentliche für den Verkäufer ist die Kaufbereitschaft des Kunden. Er kann z. B. jedes Mal, wenn er eine Aussage beendet und der Kunde zu sprechen beginnt, eine Einschätzung der Kaufbereitschaft durchführen. Auch hier ist es wichtig, dass diese Einschätzung nicht wertend, sondern beobachtend erfolgt. Durch diese zusätzliche Fokussierung auf das Wesentliche werden die Gedanken des Verkäufers keine Sekunde abschweifen. Die Wahrscheinlichkeit, Kaufsignale wahrzunehmen wird steigen und das Gefühl beim Kunden wird ein besseres sein. Dieses Beispiel lässt sich auf viele anderen Bereiche des Berufslebens übertragen. Entscheidend ist ein geeignetes Kriterium zur Fokussierung zu identifizieren.
Wenn die Herausforderung größer ist als die Fähigkeit, befinden wir uns in einem Zustand der Erregung. Wir fühlen uns überfordert. Das ist grundsätzlich der Zustand, in dem wir gut lernen können. Aber auch in der Überforderung begeben wir uns häufig in einen Kreislauf der Selbststörung. Nehmen wir einen Vortragenden, der das erste Mal zu einem bestimmten

Thema einen Vortrag hält: Egal wie routiniert er ist, in dieser konkreten Situation befindet er sich höchstwahrscheinlich in einem außergewöhnlichen Erregungszustand. Das ist nicht schlecht, solange sein innerer Kritiker nicht beginnt, ihn mit Anweisungen zu quälen. Wenn es sich bei dem Beispiel hingegen um jemanden handelt, der sehr wenig Präsentationserfahrung hat, wird das Gefühl in Richtung Angst gehen. Für beide Fälle gilt: Wenn es gelingt, den inneren Dialog hilfreich zu gestalten, nähern wir uns dem Flow, der Vortragende erbringt mit Sicherheit eine bessere Leistung und vor allem: Er fühlt sich besser.

Das innere Team
Zu Verbesserung des inneren Dialogs ist das Modell des "Inneren Teams" von Schulz von Thun hilfreich. Demnach bestehen wir alle aus einer großen Zahl an Persönlichkeitsanteilen, die fast wie eigenständige Wesen sind und die unsere innere Vielfalt und Zerrissenheit ausmachen. Ich habe in mir z. B. einen Schachspieler, einen Faulenzer, einen Weltverbesserer, einen Alleinunterhalter, ein verspieltes Kind, einen Wissenschaftler, einen Abenteurer, einen Kritiker, einen Angsthasen und noch viele mehr. Wir sind im gewissen Sinne multiple Persönlichkeiten. Das ist völlig normal, solange es ein bewusstes Ich gibt, das sich seiner Vielfältigkeit bewusst ist und die Anteile, nicht ohne voneinander zu wissen, die Steuerung der Gesamtperson übernehmen. Zur Persönlichkeitsstörung wird es nur, wenn einzelne Teile unabhängig voneinander die Herrschaft übernehmen, es Blackouts gibt und ein Mensch kein kontinuierliches Bewusstsein seiner selbst hat.

In jeder Situation gibt es ein bestehendes Realteam dieser Anteile jeweils einer Kernaussage jedes einzelnen Teammitglieds. Ziel der folgenden Überlegungen ist es, ein gewünschtes Idealteam aufzustellen. Wichtig ist, dass es sich dabei um Ihr Idealteam und nicht um ein allgemein gültiges Idealteam handelt. Üblicherweise unterscheiden sich die einzelnen Anteile von Ideal- und Realteam nicht oder nicht stark voneinander. Was sich allerdings unterscheidet ist die Bedeutung, die Rolle und eventuell die Kernaussagen der einzelnen Anteile. Allein dadurch, dass ein Persönlichkeitsanteil aus dem Realteam möglicherweise nur noch eine Nebenrolle im Idealteam einnimmt oder umgekehrt, verändern sich die Handlungsoptionen gravierend. Für den Erfolg ist vor allem die Umsetzbarkeit der neuen Teamaufstellung wichtig.

Wenn die Aussagen der Mitglieder aus dem Realteam formuliert sind, wird eine Kernaussage für das gesamte Team festgelegt. Die Kernaussage der Realsituation ist oft einfach der Gedanke, der uns als erstes durch den Kopf schießt, wenn eine Situation eintritt und wir uns diese vorstellen. Wenn wir unseren Präsentator mit wenig Präsentationserfahrung betrachten, könnte es folgende Aussage sein: „Warum habe ich mich nur auf das eingelassen! Ich werde das nicht schaffen!". Im nächsten Schritt werden die Aussagen vom Idealteam formuliert und eine neue Kernaussage des Idealteams festgelegt. Die Kernaussage des Idealteams ist häufig die Aussage des Teammitglieds in der Hauptrolle und der Gedanke, der uns statt der Kernaussage des Realteams durch den Kopf gehen soll. In unserem Beispiel könnte die Aussage lauten: "Ich bin gut vorbereitet. Das sind alles nette Menschen, die am Thema interessiert sind!"

Abschließend stellen Sie sich die gewählte Situation gedanklich vor und wenn die Gedanken und Gefühle der Realsituation auftauchen, dann ersetzen Sie diese durch die Kernaussage der Idealsituation. Gleichzeitig machen Sie eine ganz bestimmte Bewegung (z. B. auf den Daumen drücken), wodurch Sie das neue Gefühl mit der Bewegung (Anker) verknüpfen. Wenn Sie diese Vorstellung eine Zeitlang täglich wiederholen, können Sie durch die kleine Bewegung und die Änderung der Kernaussage in einer zukünftigen Situation schnell den gewünschten besseren Zustand herstellen.

Werner Schweitzer

Literatur:

Tim Galway: Inner Game of Tennis, ISBN 9783981025804

Bewegung als Energiequelle
(von Michael Altenhofer)

"Tu deinem Leib etwas Gutes, damit
deine Seele Lust hat, darin zu wohnen."
Teresa von Avila

8) Bewegung als Energiequelle

Erfolgreiche Menschen sind sportliche Menschen. Diese pauschale Aussage kann natürlich mit vielen Gegenbeispielen widerlegt werden. Und doch ist eine gewisse Zusammengehörigkeit nicht von der Hand zu weisen. Beim Frankfurt-Marathon wurde 2009 eine Studie mit viertausend Teilnehmern durchgeführt. Ein Drittel der Befragten war beruflich in einer Führungsebene beschäftigt. Die Hälfte hatte einen Universitätsabschluss und Läufer mit einem Jahreseinkommen ab fünfhunderttausend Euro hatten die schnellsten persönlichen Bestzeiten. Ich finde dieses Ergebnis beeindruckend. Aber auch im persönlichen Umfeld ist dieser Trend zu erkennen. Wenn ich von Marathon oder Triathlon erzähle, höre ich oft als Antwort: „ Mein Chef macht das auch". Zufall? Wie sieht es bei Ihnen oder Ihrem Umfeld aus? Ich denke, ein Zusammenhang zwischen beruflichen Erfolg und sportlicher Aktivität ist keine Seltenheit. Es wäre auch verwunderlich. Immerhin sind es dieselben Eigenschaften, die man für das Gelingen der beiden Bereiche braucht. Ehrgeiz, Durchhaltevermögen, Wunsch nach Anerkennung, Zielorientiertheit und vieles mehr.

Menschen, die über diese Eigenschaften verfügen, wollen sie nicht nur für beruflichen Erfolg einsetzen, sondern auch in anderen Bereichen damit Erfolgserlebnisse erzielen. Sport ist eine gute, wenn nicht sogar die beste Gelegenheit, diese Eigenschaften wieder mehr in den Mittelpunkt seiner Handlungen zurückzuholen, wenn diese abhanden gekommen sind. Eine nicht seltene Folgewirkung ist, dass mit diesen Eigenschaften auch andere Lebensbereiche belebt werden. Wie zum Beispiel den beruflichen Erfolg. Dort verkümmern diese Eigenschaften manchmal. Im Sport holt man sie zurück und integriert sie wieder in das Geschehen. Zu leicht vergessen wir, wie schön es ist, etwas erreichen zu wollen und es dann tatsächlich zu erreichen. Im Sport geht das relativ leicht. Deshalb geht es auch leichter, die Quelle dieser Eigenschaften über den Sport wieder anzuzapfen und dann in andere Bereiche zu übertragen. Leichter deshalb, weil Sport eine ausschließlich eigenverantwortliche Tätigkeit ist. Es gibt keinen Kunden, keinen Chef und keinen Kollegen, der zu einem Ihrer Anliegen Nein sagen kann. Wenn Sie sich vornehmen, von A nach B zu laufen, dann entscheiden nur Sie, ob es Ihnen gelingt oder nicht. Hier liefert man sich den Beweis, zu was man in der Lage ist, wenn man eigenverantwortlich handelt. Ich spreche natürlich von Freizeitsport und Sportarten, in denen es keine Gegner gibt. Also sämtliche Ausdauersportarten. Dort ist man nur selbst sein Gegner.

Sich in seiner Freizeit durch sportliche Betätigungen Erfolgserlebnisse zu holen, ist die beste Möglichkeit, Selbstvertrauen auf ganzer Linie zu tanken. Es kommen dann Gedanken wie zum Beispiel: „Wenn ich diesen Halbmarathon durchziehen kann, schaffe ich ein anderes Projekt auch!". Sportliche Erlebnisse werden zu Ankern, die Sie in jedem Lebensbereich mit Ihrem Selbstvertrauen und Ihrem Bewältigungsglauben verbinden. Auch Menschen nach großen Krisen entdecken den Sport und bringen sich dadurch wieder zurück ins Leben. Beispielsweise Unternehmer, die plötzlich nicht mehr erfolgreich sind oder sogar einen Betrieb aufgeben müssen. Wenn es Menschen gewohnt sind, erfolgreich zu sein, dann wollen sie das auf jeden Fall beibehalten. Und wenn es dann im gewohnten Bereich gerade nicht geht, sucht man sich einen anderen. Sport ist dann die erste Anlaufstelle für Erfolgshungrige. Auch ich bin meinen ersten Marathon in einer Phase meines Lebens gelaufen, wo ich geschäftlich einen ziemlichen Durchhänger hatte und nicht so schnell eine Wendung in Sicht war. Den Marathon wollte ich dann so schnell wie möglich machen, damit ich mich gut und erfolgreich fühle. Letztendlich geht es um das eigene Selbstwertgefühl, das man möglichst hoch halten möchte. Die Finisher-Medaille hängt immer noch neben dem Schreibtisch. Wenn mich mal meine Beharrlichkeit bei manchen Projekten verlässt, blicke ich auf die Medaille und erinnere mich schnell wieder daran, was ich zu tun habe: Step by Step weitermachen. Es gibt auch genügend Beispiele von Menschen, die eine erschütternde Diagnose erhielten und dann plötzlich mit Bergsteigen und anderen extremen Sportarten loslegten. Zum Leben trotzdem Ja sagen, wird in solchen Fällen durch Sport erreicht.

Freilich müssen es nicht immer extreme Situationen und Motive sein, die zu einer Sportlichkeit führen. Erholung, Energie tanken und ganz einfach der Genuss sind die häufigsten Beweggründe für regelmäßige Aktivitäten. Doch leider gibt es viele Menschen, die sich sagen, keine Kraft und Energie für Sport zu haben, da sie ohnehin völlig geschafft von der Arbeit nach Hause kommen. Es ist ein Trugschluss, dass man für Sport bereits im Vorhinein Energie übrig haben muss. Die Energie kommt erst durch die Bewegung wieder, nicht durch das Herumliegen, das gerne mit Regeneration verwechselt wird. Der Körper produziert erst dann wieder Energie nach, wenn sie im hohen Maße verbraucht wird. Energieverbrauch über die Muskulatur ist hierfür ein bewährtes Mittel. Ich möchte Sie einladen, ein kleines Experiment zu machen, damit Sie selbst erspüren, wie ich das meine. Spannen Sie dabei Ihren linken Oberarm an, erhöhen Sie die Spannung etwas und halten Sie diese für einige Sekunden. Jetzt entspannen Sie wieder und lassen beide Arme ganz bequem und locker runterhängen. Schließen Sie für einige Sekunden die Augen und spüren einmal nach, wie sich beide Arme nun anfühlen. Merken Sie einen Unterschied? Welcher Arm fühlt sich jetzt besser an? Es sollte der linke Arm sein und ich möchte auch erklären, warum: Durch das Anspannen haben Sie Energie auf dieser Stelle verbraucht. Nach dem Entspannen hat Ihr Körper augenblicklich Energie nachproduziert und zwar mehr, als Sie verbraucht haben. Unser Körper versucht immer, Energie im Überfluss bereitzustellen. Durch den ungewohnten Energieverbrauch wurde in wenigen Augenblicken errechnet, wie viel Energie Sie benötigen, um für zukünftige Anspannungen gerüstet zu sein. Denn Ihr Körper will jetzt besser vorbereitet sein. Natürlich wird die Energieproduktion wieder vermindert, wenn nun keine weiteren Anspannungen folgen. Was Sie also im Normalfall nach dieser Übung spüren, ist ein erhöhter Energiefluss bei dem Arm, der vorher angespannt wurde.

Wie wirkt sich wohl dieser Effekt auf unseren Körper beim Laufen aus? Einer Sportart, bei der fast alle Muskeln abwechselnd angespannt werden? Nicht umsonst heißt es so oft, man geht müde Laufen und kommt hellwach zurück. Wann sind Sie am Montag fitter für die Arbeit: Wenn Sie den ganzen Sonntag am Sofa verbringen oder zwischendurch ein paar Kilometer laufen? Muskelkater ist kein Argument! Der kommt nur bei neuen, ungewohnten Belastungen. Wenn sich der Muskelkater in Grenzen hält, freue ich mich sogar darüber. Denn dann spüre ich, die Komfortzone wieder ein bisschen verlassen zu haben. Apropos Komfortzone: Wenn Sie sich für regelmäßige Bewegung entscheiden oder bereits aktiv sind, vergessen Sie nicht, sich auch ein bisschen anzustrengen. Vielleicht tun Sie das sowieso, dann ignorieren Sie bitte die nächsten Zeilen. Dann richte ich mich jetzt an Leser, die Bewegung eher alibimäßig und deshalb ohne jeglichen Effekt betreiben. Da fallen mir spontan die Nordicwalker ein. Ich weiß, auch diesen Sport kann man ambitioniert betreiben. Allen anderen sei gesagt: Man darf dabei

auch mal schwitzen, die Schminke darf ruhig mal verlaufen, die Stöcke müssen nicht hinterhergeschleift werden und für Kochrezepte-Austauschen könnte man auch telefonieren, anstatt die gesamte Breite eines Radwegs einzunehmen. Gerüchten zufolge werden vorbeiziehende Läufer sogar regelmäßig aufgespießt.
Spaß beiseite. Jede Form der Bewegung unterstützt Sie. Wenn Sie keinen Trainingseffekt aufgrund zu geringer Belastung erzielen möchten, dann ist Bewegung in der frischen Luft trotzdem auch für das Immunsystem gut. Alltagsstress können Sie im Freien leichter loswerden als zu Hause. Weiters haben Sie dadurch auch Zeit für sich, mal alleine zu sein und möglichst abzuschalten. Aus dieser Perspektive betrachtet ist es dann natürlich besser, sich ganz ohne Leistungsdruck zu bewegen. Aktive Erholung wäre dann die treffende Bezeichnung. In dieser Zeit erholt sich vor allem auch Ihr Geist. Das Resultat ist oft eine neue Sichtweise, die im normalen Alltag verstellt war. Probleme können plötzlich gelöst werden. Kreative Einfälle sind keine Seltenheit. Und alleine das Wissen, dass Sie etwas für sich getan haben, steigert Ihr subjektives Wohlbefinden. Sport ist also nicht nur für erfolgshungrige Leistungsmaschinen interessant, sondern auch für Genussmenschen, die Freude und Wohlbefinden aus einem gesunden Körperbewusstsein ziehen.

Bewegung macht schlau
Der positive Effekt von Bewegung auf den kindlichen Intellekt ist inzwischen gut belegt. 2008 verglich der kanadische Gesundheitsforscher Francois Trudeau die Ergebnisse von rund einem Dutzend Studien. Er kam zu dem Schluss, dass eine Stunde Sport am Tag die Schulkinder nicht nur körperlich stärkt, sondern auch geistig beflügelt. Obwohl nun weniger Zeit zum Üben für die klassischen Fächer blieb,

schrieben die Kinder bessere Noten als ihre nicht aktiven Mitschüler. Eine weitere Übersichtsarbeit zu zwölf anderen Studien ergab: Kinder, die an Sportprogrammen teilnahmen, waren intelligenter, kreativer und verfügten über bessere exekutive Funktionen, also die Fähigkeit, Probleme zu lösen, Handlungen und Emotionen zu steuern. Optimal haben sich nicht normale Sportstunden in der Schule erwiesen, sondern Spielen und Toben in der Natur oder auf naturnahen Spielplätzen. Kein Leistungsdruck verleidet hier die Bewegungslust. Hinzu kommt der Abenteuereffekt: Spannende Herausforderungen, der Wunsch und die Freude, sie zu meistern, setzen im Gehirn besonders viel Dopamin frei, einen Botenstoff, der laut Hirnforscher als Booster für das Verankern von Lernerfahrungen wirkt. Das Erklimmen von Felsen und Bäumen dürfte die neuronale Vernetzung im Gehirn höchst effektiv ankurbeln.

Ohne den gestrengen Blick der Erwachsenen ist es auch leichter, ganz im eigenen Tun aufzugehen: Wer Kinder in freier Natur beobachtet, wo sie stundenlang in eigenen Welten versinken, weiß, was gemeint ist. Sie erleben den Flow, wie es in der Psychologie heißt, jenen wachen und zugleich entspannten Bewusstseinszustand, der als Balsam für die Psyche gilt. Ich denke aber, dass der psychologische Nutzen von Bewegung auch für Erwachsene gilt. Auch wenn es nicht mehr um klassische Schulfächer geht, wo bestimmte Informationen aufgenommen und abgespeichert werden müssen, haben Erwachsene andere Bereiche, wo Lernerfahrungen stattfinden. Verkaufsgespräche, berufliche Herausforderungen und die Fähigkeit Konflikte zu lösen, gelten auch als Lernerfahrungen. Solche Situationen gelingen besser, wenn wir durch sportliche Aktivitäten für eine höhere Dopaminausschüttung sorgen. Voraussetzung dafür ist aber sicher, dass wir es mit Freude und Begeisterung machen.

Früher war man in der Wissenschaft der Annahme, dass im Gehirn keine neuen Nervenzellen wachsen. Vor einigen Jahrzehnten fand man heraus, dass es doch so ist und noch etwas wurde entdeckt: Am schnellsten wachsen diese Nervenzellen während körperlicher Bewegung. Das beste Gehirnjogging ist also ganz normales Jogging.
Bewegungsaktive Menschen sind außerdem seltener krank, verfügen insgesamt über eine höhere Vitalität und strahlen das auch aus. Es muss nicht immer Laufen, Nordicwalken oder Wandern sein. Es darf auch mal eine Spur aggressiver werden. Zum Beispiel durch Holzhacken oder Kampfsport-Aerobic. In solchen Sportarten können Gefühle ausgelebt werden, die in unseren sonstigen Tätigkeiten unangebracht sind. Den inneren Druck wegzuboxen und innere Stärke erlebbar zu machen, sind Ziele dieser Aktivitäten. Für unsere Ausgeglichenheit ist es genauso wichtig, mal Dampf abzulassen und nicht immer nur zu entspannen. Gerade im Kampfsport werden mentale Fähigkeiten trainiert, die man auch außerhalb des Sports gut brauchen kann. Denn es muss auch im Kampfsport nicht zwangsläufig darum gehen, gegen jemanden zu kämpfen. Sie können auch für etwas kämpfen. Für ein selbstbestimmtes Leben, für Ihren Wohlstand, für Ihre Lebensqualität, für Ihre Ziele und so weiter. Es sind dieselben kämpferischen Anteile in uns, die uns dabei unterstützen wollen, wenn wir es zulassen. Dieses Potenzial wird am meisten vernachlässigt. Will man doch nicht als aggressiv und verbissen gelten. Man kann aber auch für etwas kämpfen, ohne diese typischen Attribute nach außen sichtbar zu machen. Unsere kämpferischen Anteile sind es, die uns absolute Leidenschaft, Hingabe und ein hohes Maß an Energie zur Verfügung stellen. Diese Fähigkeit kann in vielen Bereichen entscheidend sein. Wenn man zum leidenschaftlichen Krieger für seine Sache wird, ist man in vielen Fällen ohne jegliche Konkurrenz.

Körperorientiertes Mentaltraining
Nun möchte ich ganz einfache Übungen vorstellen, mit denen Sie bestimmte mentale Fähigkeiten durch Ihren Körper trainieren. Beginnen wir mit der Souveränität. Haben Sie schon mal Menschen beobachtet, die in stressigen Situationen ruhig und souverän bleiben? Die Bewegung der Hände und des Kopfes sind die wesentlichen optischen Merkmale von souveränen Menschen. Models trainieren einen sicheren Gang, indem sie Bücher auf dem Kopf tragen. Für eine ruhige und souveräne Körpersprache empfiehlt es sich, dass auch wir eine ähnliche Übung machen. Dabei tragen wir auf unserem Kopf beispielsweise ein kleines Bohnensäckchen oder was Sie halt sonst zu Hause haben. Jedenfalls etwas, das sich unserer Kopfform einigermaßen anpasst, aber auch nicht zu stabil liegt. Mit diesem Gegenstand am Kopf erledigen wir dann einige Aufgaben. Zum Beispiel: hinsetzen, aufstehen, gehen, rückwärts gehen, sprechen, über ein Hindernis steigen usw. Ziel ist natürlich, dass der Gegenstand auf dem Kopf bleibt. Dazu wird es nötig sein, sich sehr ruhig und gelassen zu bewegen. Einen weiteren Durchgang dann ohne Gegenstand durchführen und dabei achten, sich genauso zu bewegen wie beim ersten Durchgang. In künftigen Situationen, wo Ihre Souveränität gefragt ist, stellen Sie sich vor, diesen Gegenstand auf dem Kopf zu tragen und setzen eventuell einen entsprechenden Anker für das zusätzliche Abrufen Ihrer Souveränität. Speziell in Gesprächssituation kann sich das sehr vorteilhaft auswirken. Hektisches Hin- und Herbewegen des Kopfes in angespannten Situationen, wie zum Beispiel bei Verhandlungen oder auch bei einem Flirt, gehören dann der Vergangenheit an. Durch eine beruhigte Körpersprache kommt es auch zu einer inneren Beruhigung, was sich positiv auf Ihre Sprache und Stimme auswirkt.
Betrachten wir eine weitere, mentale Fähigkeit, die uns sehr

nützlich sein kann. Für die Erledigung unserer täglichen Aufgaben und Fertigstellungen von Projekten ist die Konzentrationsfähigkeit eine wichtige Eigenschaft, um strukturiert zu bleiben und sich nicht ständig zu verzetteln. Im mentalen Training gibt es hierfür Übungen mit Zahlen, Buchstaben, Texten, Musterfolgen und vielem mehr. In den warmen Monaten möchte ich aber eine körperbetonte Übung empfehlen, die aus meiner Sicht zu den besten Konzentrationsübungen überhaupt zählt: Barfußgehen. Im anspruchsvollen Gelände werden Sie automatisch völlig fokussiert auf jeden einzelnen Schritt. Durch die ungewohnten Sinneswahrnehmungen kommt es auch zu einer Vielzahl von positiven Effekten. Sie werden von Alltagssorgen abgelenkt, Ihre Körperwahrnehmung wird geschult, Stress wird reduziert, um nur einige zu nennen. Im weniger anspruchsvollem Gelände können Sie diese Übung mit einem Partner gemeinsam durchführen und sich abwechselnd die Augen verbinden. Das steigert zusätzlich Ihre Konzentration. Beim Barfußgehen bekommt jeder Schritt Ihre vollste Aufmerksamkeit. Diese Eigenschaft ist auch im normalen Alltag hilfreich. Menschen mit guten Bewältigungsstrategien für umfangreiche Tätigkeiten zeichnen sich nicht dadurch aus, dass sie alles auf einmal machen, sondern immer eine Sache mit vollster Konzentration zu Ende führen und sich dann der nächsten Aufgabe widmen. Barfußgehen ist eine Metapher für diese Fähigkeit und gleichzeitig wird diese Fähigkeit dadurch auch antrainiert. Darüber hinaus ist Barfußgehen eine gute Möglichkeit, Verspannungen vor Prüfungen oder wichtigen Terminen zu lösen. Sogar Migränegruppen werden auf ärztliche Empfehlung zu dieser Aktivität animiert.

Sich spontan zu jeder Zeit entspannen zu können, ist ein Bedürfnis, das wir fast alle haben. Je stressiger die äußeren oder auch inneren Umstände, desto schwieriger wird es. Ein entspannter Zustand mindert den Energieverbrauch und ermöglicht uns dadurch einen größeren Handlungsspielraum für unmittelbare Situationen. Auch unsere Kreativität und Lösungsstrategien profitieren von einem entspannten Körper. Bewährte Mittel sind Entspannungsmusik, ein ruhiger Raum, eventuell auch eine Suggestion. Spontan steht das aber selten zur Verfügung. Was wir aber immer als Entspannungswerkzeug zur Verfügung haben, ist unsere Atmung. Speziell die Bauchatmung eignet sich sehr gut für das Erreichen eines entspannten Zustandes. Dabei wird bewusst in den Bauch hineingeatmet. Der Bauch sollte sich dadurch beim Einatmen wölben und beim Ausatmen wieder senken. Nur bei dieser Atmungsform kann sich die Lunge vollständig mit Luft füllen und dadurch auch Ihren Körper bestmöglich mit Sauerstoff versorgen. Wird dagegen die Brustatmung verwendet, kann sich das Zwerchfell nicht vollständig nach unten ausdehnen. Der Bauch ist dann eher angespannt und die Atmung insgesamt flacher. In stressigen Situationen und im hektischen Alltag neigen wir meistens zur Brustatmung, was Stressreaktionen noch weiter verstärkt. Die Bauchatmung würde unsere Stressreaktionen lindern.

Wenn Sie es gleich ausprobieren möchten, lade ich Sie zu dieser kurzen Übung ein:
- entspannte Sitz- oder Standhaltung einnehmen
- tief einatmen, Bauchmuskeln dabei entspannen und den Bauch weit nach außen wölben
- den Atem kurz anhalten
- das Zwerchfell entspannen, dadurch sinkt der Bauch wieder etwas zurück, die Bauchmuskeln spannen sich dabei leicht an und es folgt ein bewusstes, langes Aus - atmen
- wiederholen, bis gewünschter Entspannungsgrad eintritt

- Ihre Gedanken können Sie dabei ebenfalls entspannen, indem Sie die Atemzüge einer Minute mitzählen
- darauf achten, dass Gesicht, Kopf und Hals u n v e r - krampft bleiben

Ob im Büro, im Auto, in der überfüllten Straßenbahn oder auch zu Hause, tiefe Bauchatmung ist ein wirksames Mittel zur Entspannung an jedem Ort und sie gilt auch als die gesündeste Form des Atmens. Sie verbraucht weniger Energie als die Brustatmung und senkt überdies den Blutdruck.

Mit diesen drei Übungen möchte ich aufzeigen, was wir mit unserem Körper auch für unsere mentale Befindlichkeit tun können. Ich möchte Ihnen damit Lust machen, sich noch mehr damit zu beschäftigen, da wir ansonsten ein Leben lang ungenutztes Potenzial mit uns herumschleppen. Die Möglichkeiten an Übungen könnten endlos fortgesetzt werden und würden diesen Rahmen hier bei Weitem sprengen. Wenn Sie noch mehr alltagstaugliche Techniken für einen bewussteren Umgang mit Ihrem Körper kennenlernen möchten, empfehle ich die Bücher und Seminare von und nach Moshe Feldenkrais. Die Feldenkrais-Methode ist die anerkannteste Form für körperorientiertes Lernen.

Michael Altenhofer

Literatur:

Das Lexikon der Mentaltechniken ISBN: 978-3-86343-010-9
Artikel aus Gehirn&Geist (06/12)
Michael Altenhofer: TU ES-Manifest gegen das Aufschieben
ISBN: 978-3-85358-012-7

Shinergy – Die Macht in dir
(von Ronny Kokert)

"Kämpfen zu können bedeutet
nicht mehr kämpfen zu müssen."
Ronny Kokert

9) Shinergy – Die Macht in dir

Die Arena heißt Alltag. Heute finden die schwierigsten Auseinandersetzungen meist auf beruflicher Ebene statt. Jeder, der arbeitet, muss an irgendeiner Front kämpfen: gegen vermeintliche Schwächen, gegen Erfolgsdruck, Frustration, Konkurrenten, Ängste oder Stress. Ob der Kampf in oder um uns tobt – der Weg zu Gelassenheit, Ausgeglichenheit und innerer Kraft führt über die Entwicklung unserer Selbstverteidigungskräfte, getreu dem obersten Shinergy Motto:„Gut kämpfen zu können bedeutet, nicht mehr kämpfen zu müssen."

Die Steigerung körpereigener Energie, gelassenes und selbstbestimmtes Handeln in Stress- und Angstsituationen und Flexibilität im Management des raschen Wandels sind die Eckpfeiler eines neuartigen Coachings: **Shinergy**

Shinergy® [Shin - japan. für Herz und Geist] vereint die Zen Philosophie asiatischer Kampfkünste mit modernsten Erkenntnissen der westlichen Sportwissenschaft – eine Kombination, die Körper und Geist ideal für die Herausforderung des modernen Alltags wappnet.

Shinergy® ist ein neues ganzheitliches Trainingskonzept, das Dank seinem speziellen Aufbau optimale Erfolge garantiert. Kraft-, Ausdauer- und Beweglichkeitstraining formen den Körper, Meditation, Atem- und Energiearbeit schulen den Geist.

Ziel ist die Verbindung mit unserem vollen Potenzial an mentaler Stärke und innerster Lebenskraft.

„Shinergy ist die Kraft der friedvollen Krieger. Der Mut zur Konfrontation mit inneren und äußeren Konflikten überwindet alle Barrieren und entfesselt das volle menschliche Potenzial an innerster Kraft, grenzenloser Freiheit und ursprünglicher Weisheit. Die Arena ist der Alltag. Ihre stärkste Waffe ist ihr Bewusstsein.
Kämpfen zu können heißt, nicht mehr kämpfen zu müssen!"
Ronny Kokert

Das Shinergy Training basiert auf den 3 Säulen Kampf, Kunst und Körper:

Kampf
Effektive Techniken zur Selbstverteidigung verschmelzen über die Shinergy Methodik zur Einheit. Shinergy löst sich von den starren Konzepten traditioneller Kampfkünste.
Anstatt der endlosen Wiederholung formelhafter Bewegungsfolgen werden die Techniken dreidimensional erlernt und die perfekt der jeweiligen Situation angepasste Anwendung ermöglicht. Auf natürliche Reflexe basierende Abwehrtechniken nützen die Kraft körperlich überlegener Angreifer, blitzschnelle und präzise Bein- und Handtechniken finden aus jeder Position ihr Ziel.

Kunst
Die neuartige Unterrichtsmethodik entwickelt die Fähigkeit zu Gegenwärtigkeit, Gelassenheit und flexiblen Handlung – auch in Angst- und Stresssituationen.
Die einzigartige Methodik vermittelt die Shinergy Prinzipien in einer direkt anwendbaren Form und ist seit 2002 Pflichtfach an der Universität Wien im Studium der Sportwissenschaften.

Körper
Die Anwendung von sieben Grundprinzipien ermöglicht die unmittelbare Kontrolle körpereigener Energie und bildet die Grundlage zu einer neuen Bewegungsqualität voller Kraft und Anmut.

Ein umfassendes Körpertraining nach neuesten Erkenntnissen der Sportwissenschaft steigert Kraft, Ausdauer, Schnelligkeit, Beweglichkeit und Koordination und formt den Körper harmonisch.

Der Shinergy Weg
Aus dem Mut zur Konfrontation zur innersten Kraft

Ausgangspunkt ist der ursprüngliche Zustand des vollen menschlichen Potenzials an intuitiver Weisheit, Vitalität und Lebenskraft.

Innere und äußere Konflikte führen zu emotionale Blockaden und Barrieren, die sich in körperlichen und geistigen Symptomen ausdrücken, wie
- Burn-out und Antriebslosigkeit
- Stress und Angst
- Motivations- und Konzentrationsschwierigkeiten
- mangelndes Selbstvertrauen
- körperliche Beschwerden und Dysbalancen

Der Shinergy Weg führt in drei Schritten zur Rückverbindung mit unserer innersten Kraft:

Der erste Schritt: Erkenne Dich selbst!
Meditation und Energiearbeit führen zunächst zur Auseinandersetzung mit bewussten und unbewussten Bereichen

der individuellen Realität und Persönlichkeit. Eine spezielle Technik der Meditation steigert die Wahrnehmung und führt zu einer Geisteshaltung höchster Gegenwärtigkeit.
Die Anwendung von sieben Grundprinzipien ermöglicht den Zugang zu innersten Kraftquellen. Das Erlernen effektiver Techniken zur Selbstverteidigung schärft die Wahrnehmung, steigert das Selbstbewusstsein und entwickelt die Fähigkeit zur situationsangepassten Handlung.

Der zweite Schritt: Erkenne den Gegner!
Es folgt die Konfrontation mit erkannten äußeren Barrieren und Gegnern. Shinergy steigert über den individuellen Weg vertiefter Selbsterkenntnis das systemische Denken und die Fähigkeit zur friedlichen Konfliktlösung. Abwechslungsreiche Partnerübungen und die Anwendung der Shinergy Prinzipien ermöglichen die flexible Reaktion auf Angriffe aller Art und nützen perfekt die Kraft körperlich überlegener Gegner. Die Shinergy Methode ermöglicht das flexible und selbstbestimmte Handeln im Hier und Jetzt.

Der dritte Schritt: Kämpfen zu können heißt, nicht mehr kämpfen zu müssen!
Über die praktische Anwendung der Shinergy Methode, dem Mut zur Reflexion und den respektvollen Umgang mit dem Übungspartner entsteht aus dem anfänglichen Konflikt die verbindende Kooperation. Der Gegner wird als Spiegel erkannt – das „gegeneinander kämpfen" wird zum „miteinander üben". Die Integration ermöglicht die friedliche und kooperative Lösung von Konflikten und die Rückverbindung zum ursprünglichen Potenzial.

Denn: Alle Kraft ist schon in uns!

Übung: Hier und jetzt!
Das Leben ist schön. Jetzt haben wir keine Sorgen – jetzt haben wir keinen Stress, jetzt haben wir nichts zu befürchten! Wenn uns da nur nicht ständig jemand dazwischenquasseln würde. Er ist ja nicht zum Aushalten – Gedanken, Analysen, Ansichten und solche, die es vielleicht noch werden könnten, rasen ständig wie Blitze durch unseren Kopf.
Ständig sorgen wir uns. Um unsere Existenz, unser Image, die Karriere und darüber, ob andere den kleinen Ansatz eines Bauches schon sehen können.
Das stresst.
Dabei geht es uns im Moment eigentlich ganz gut. Oder sind sie jetzt gerade an Leib und Leben bedroht?
Deshalb ist es eigentlich ganz einfach, ein wenig Ruhe zu finden und uns jederzeit eine Insel der entspannten Glückseligkeit zu schaffen. Alles, was wir dazu tun müssen, ist, uns voll und ganz dem Augenblick zu widmen.

Doch unser Geist ist ein echter Spielverderber und neigt dazu, ständig in die Zukunft abzuschweifen. Selten erleben wir den Augenblick. Wir sitzen im Auto und denken schon daran, was uns im Büro erwarten wird. Wir sitzen im Büro und denken, was wir nach Feierabend unternehmen werden. Wir sitzen mit Freunden zusammen und denken schon an den nächsten Arbeitstag. Im Geiste sind wir eigentlich so gut wie nie dort, wo wir eigentlich gerade sind: im Augenblick. Nicht einmal beim Sitzen.

Übung Ruhe im Chaos – die Königsübung
Das bewusste Sitzen ist eine der besten Übungen zur Entspannung, Aufmerksamkeitssteigerung und Konzentration. Deshalb gilt sie auch als die Königsübung im japanischen Zen und leitet jedes Shinergy Training ein.

Setzen sie aufrecht auf einen Stuhl. Halten sie die Augen leicht geöffnet und richten sie den Blick auf eine Wand oder auf den Boden. Beginnen sie jetzt ihren Atem zu beobachten, ohne ihn zu beeinflussen. Zählen sie die einzelnen Atemzüge im Geiste mit: einatmen – eins – ausatmen – zwei usw. ... von eins bis zehn. Dann wieder von vorne.

Die Übung führt zu geistiger Ruhe und Klarheit und sollte vor allem dann ausgeführt werden, wenn wieder einmal alles drunter und drüber geht. Sie beamt uns zum einzigen Zeitpunkt und zum einzigen Ort, den es mit Sicherheit gibt: in das Hier und Jetzt.

Alle Kraft ist schon in uns!

Ronny Kokert

Literatur:

Ronny Kokert: „ Shinergy – Die Macht in dir"!, echomedia 2012

Kompetenter Umgang mit Drucksituationen
Automatismen stoppen – Ressourcen aktivieren
(Interview mit Andrea Szekeres-Haldimann)

"Ein großer Teil der Sorgen besteht aus unbegründeter Furcht."
Jean Paul Satre

10) Kompetenter Umgang mit Drucksituationen
Automatismen stoppen – Ressourcen aktivieren

Ein Interview mit Andrea Szekeres-Haldimann:

Was können Sie uns über die Natur von Automatismen sagen?
Ein Automatismus ist eine Aktivität, die ohne erkennbare willentliche Steuerung vollzogen wird. Das kann eine reale Handlung sein, der automatische Griff zur Chipstüte zum Beispiel. Aber auch Gedanken und Gefühle können durch Reize automatisch ausgelöst werden. Wir erleben Situationen, in denen wir mit Automatismen reagieren so, als ob eine innere Instanz das Zepter übernimmt und unsere Reaktionen ohne unser bewusstes Zutun steuert. Das kann je nach Situation als hilfreich oder störend empfunden werden.

Automatismen sind also nicht per se etwas Schlechtes?
Nein, im Gegenteil. Die Fähigkeit unseres Gehirns, Automatismen zu bilden und bei Bedarf zuverlässig abzurufen, ist eine geniale Erfindung der Evolution. Viele alltägliche Handlungsabläufe wie das Bedienen eines Computers oder Autofahren sind hochgradig automatisiert. Wenn wir jeden Morgen aufs Neue lernen müssten, wie man Kaffee kocht und die Zähne putzt, kämen wir nicht vom Fleck. Und für Gefahrsituationen sind Automatismen überlebenswichtig. Wenn auf der Autobahn plötzlich ein Lastwagen auf meine Fahrbahn gerät, dann bremst mein Fuß sofort, ohne bewusstes Nachdenken.

Doch gerade in belastenden Drucksituationen können uns unerwünschte Automatismen in die Quere kommen.
Unerwünschte Reaktionsweisen sind natürlich lästig und können im schlimmsten Fall sogar Schaden anrichten. Wir sagen oder tun dann Dinge, die wir vom bewussten Verstand her nie tun würden. Das hat mit der Arbeitsweise unseres Gehirns zu tun. Bewertet es eine Situation als mögliche Gefahr für das Wohlbefinden der Person, setzt es eine Kaskade biologischer Prozesse in Gang, um diese zu schützen. In der Folge umgeht es die bewusste Handlungssteuerung und greift auf gut verschaltete Reaktionsmuster zurück. Die klassischen kennen Sie: Kampf oder Flucht bzw. Totstellen. Dies ist eine Art biologisches Überlebensprogramm, das den Organismus im Laufe seiner Entwicklungsgeschichte speziell auf das Überleben von Kämpfen hin optimiert hat. Wenn der Säbelzahntiger in der Höhle stand, hatte der Steinzeitmensch keine Zeit, gemütlich am Feuer zu sitzen und sich eine Strategie zurechtzulegen. Da hieß es entweder dem Tiger eins über die Rübe hauen oder auf den nächsten Baum flüchten. Heute sind es in unseren Breitengraden keine Raubtiere mehr, die unser Leben bedrohen, aber reagieren tut unser Gehirn auf wahrgenommene Gefahren immer noch gleich.

Sie sagen, dass bei Gefahr die bewusste Handlungssteuerung gezielt umgangen wird, um den Organismus zu schützen. Können Sie uns diesen Mechanismus noch etwas genauer erklären?
Der Verstand, der die bewusste Handlungssteuerung kontrolliert, ist sehr schnell überlastet und darum störungsanfällig. Aktuelle Forschung geht davon aus, dass er maximal 60 kbit an Information pro Sekunde verarbeiten kann. Dies entspricht etwa der Länge eines Satzes, was nicht gerade viel ist. Drucksituationen haben aufgrund von Zeitdruck oder

einer starken emotionalen Ladung eine sehr hohe Informationsdichte. Der Verstand kann diese Menge nicht mehr verarbeiten, darum übernehmen unbewusst arbeitende Systeme, die bis zu 11 Millionen kbits pro Sekunde verarbeiten können, die Handlungssteuerung. Sie aktivieren in der Folge gut eingespielte Verhaltensmuster, da diese zuverlässig abgespult werden können. Erst wenn sich die Wogen geglättet haben, schaltet sich der Verstand wieder ein. Ich gebe Ihnen ein Beispiel: Eine Führungskraft nimmt sich bewusst vor, seinem Mitarbeiter in einem schwierigen Gespräch ruhig zuzuhören. Als sich der Mitarbeiter in langfädigen Erklärungen verliert, reagiert die Führungskraft gereizt und fällt ihm mehrmals ins Wort. Erst einige Zeit nach dem Gespräch wird ihm bewusst, dass er seinen Vorsatz nicht umgesetzt hat.

Wie kann es gelingen, in einer schwierigen Situation so zu reagieren, wie ich es mir vornehme?
Aus neurobiologischer Sicht beruhen Automatismen auf Gedächtnisinhalten, die als neuronale Netze und entsprechende Erregungsmuster im Gehirn abgespeichert sind. Sie bilden sich, indem bestimmte Neuronen als Reaktion auf einen Reiz gemeinsam feuern. Wenn ich Pingpong spielen lerne, ist der Ball, der auf mich zufliegt, der Reiz; die Reaktion ist, mit dem Schläger den Ball zu treffen. Verschiedene Nervenzellen feuern dabei gemeinsam und verdrahten sich. Wenn dies wiederholt geschieht, stärkt sich das gesamte neuronale Netz und kann immer zuverlässiger ausgelöst werden. Man sagt, das Netz ist gut gebahnt. Damit ich nun in einer Drucksituation so handle, wie ich es mir vorgenommen habe, muss die erwünschte Reaktionsweise als gut verschaltete Nervenverbindung in meinem Gehirn abgespeichert sein. Um ein neuronales Netz gut zu bahnen, muss es häufig ausgelöst werden. Dazu kann man entweder bewusst das

neue Verhalten einüben. Unsere Führungskraft, würde dann z. B. in vielen unterschiedlichen Settings seine Zuhörfähigkeit trainieren und lernt so mit der Zeit, immer besser zuzuhören. Man kann neuronale Netze aber auch durch eine Art des unbewussten Lernens – dem sogenannten Priming, stärken. Dabei wählen die Betroffenen Reize, eben Primes in Form von Gegenständen, Düften und Musik aus, die sie an die Zielhandlung erinnern. Einmal installiert, lösen die Primes das Zielnetz unterhalb der Bewusstseinsschwelle aus und es wird gestärkt. Die Führungskraft verbindet die Fähigkeit gut zuhören mit dem Bild der Schneeeule und der Farbe blau. Als Bildschirmschoner auf Handy und Computer installiert sie das Foto einer Schneeeule; Mäppchen, Stifte, Kaffeetasse und Krawatte wählt sie in blauer Farbe und als Schlüsselanhänger dient eine kleine Stoffeule. Durch diese Primes wird das Netz einige tausend Male pro Tag ausgelöst und dadurch immer besser gebahnt.

Das alles klingt zeitaufwändig.
Um eine neue Verhaltensweise auch in schwierigen Situationen zuverlässig abrufen zu können, braucht es Zeit, denn im Gehirn findet ja ein realer neuronaler Umbau statt. In der Regel dauert es mehrere Monate bis zu einem Jahr, bis ein neues neuronales Netz so weit gebahnt ist, dass es in Drucksituationen automatisch aktiviert wird.

Was tun, wenn man nicht so viel Zeit zur Verfügung hat?
Erwachsene Menschen haben aufgrund ihrer Lebenserfahrung schon viele hilfreiche Automatismen im Gehirn abgespeichert. Diese kann man mit den sogenannten Wenn-Dann-Plänen an die Auslösereize des unerwünschten Automatismus koppeln. Dazu macht man eine Liste mit allen Reizen, welche unerwünschtes Verhalten auslösen.

Bei unserer Führungskraft wäre ein solcher Reiz langfädiges Reden. Dann überlegt man sich, wie man gerne anstelle reagieren würde und packt beide Teile in den Wenn-Dann-Plan: z. B. **Wenn** Mitarbeiter X langfädig redet, **dann** weise ich ihn freundlich und bestimmt auf das Thema unseres Gespräches hin. Der Motivationsforscher Prof. Peter Gollwitzer, der die Wenn-Dann-Pläne intensiv erforscht hat, konnte nachweisen, dass sich die Umsetzungswahrscheinlichkeit mit dem einmaligen Aufschreiben eines Wenn-Dann-Planes massiv erhöht.

Das Interview wurde von Michael Altenhofer geführt.

Die Kraft der Worte
(von Paul Lürzer)

"Der Unterschied zwischen dem richtigen Wort und dem beinahe richtigen ist derselbe Unterschied wie zwischen dem Blitz und einem Glühwürmchen."
Mark Twain

11) Die Kraft der Worte

Die Verwendung einer positiven, kraftvollen Sprache – sowohl im Businesskontext als auch im privaten Umfeld – wirkt vital und glaubwürdig. Sie stärkt das Selbstbewusstsein, ist klar und verständlich. Gerne lauschen wir diesen Worten und sehen in Gedanken Bilder und Ereignisse entstehen, die sich leicht einprägen. Das fühlt sich einfach gut an.
Personen, die in das Gespräch involviert sind, wissen, woran sie sind und können Standpunkte erkennen. Es wird nichts geschönt, ausgeschmückt oder weggelassen,
getreu dem Motto: „Die Wahrheit ist dem Menschen zumutbar". Bewertungen erhalten genauso wenig Raum wie unnötige Annahmen und einschränkende Gedanken. Das wirkt sich förderlich auf das Verständnis und den weiteren Gesprächsverlauf aus.
Weitere, andere Möglichkeiten der vielseitigen Verwendung und umfangreichen bzw. detaillierten Ausschmückung der anwendbaren Worte in weichen und unpräzisen Formulierungen, wie: „eventuell, vielleicht, grundsätzlich, eigentlich, möglicherweise, im Grunde genommen, relativ ...", hören bzw. sehen wir eigentlich, tagein, tagaus in den relativ umfangreichen Medien, von vielleicht bekannten Personen, eventuell in politischer Funktion. Davon haben wir möglicherweise sehr schnell mehr als genug. Von einem grundsätzlichen Wohlbefinden kann eigentlich keine Rede sein.
Merken Sie möglicherweise den Unterschied?
Genauso geht es uns mit der Verwendung des Konjunktivs. Die Möglichkeitsform, „man sollte, ich könnte, das würde, es wäre ..." strapaziert unsere Geduld und bringt letztendlich doch nichts.
Unpräzise Formulierungen und der Einsatz des Konjunktivs lassen die Zuhörerschaft in einem Zustand der Unsicherheit

zurück. Alles ist möglich. Freilich verschaffen sie dem Sprecher eine einfache und vielfältige Rückzugsmöglichkeit. Darum sind die sprachlichen Weichmacher auch in bestimmten Kreisen so beliebt.

Formulieren Sie klar im Hier und Jetzt. Sprechen Sie eher in der Wirklichkeit als in der Möglichkeit. Verwenden Sie jene überzeugenden Argumente, die alle Beteiligten ansprechen, als Bevorzugungen Einzelner hervorzuheben. Vertreten Sie Ihre Ideen wertschätzend in der Person und selbstsicher und klar in der Sache, so erhalten Sie weniger Ablehnung und wirken kompetenter.

Machen Sie es sich zum Ziel, Ihre Aussage positiv zu formulieren. Beginnen Sie am besten sofort bei der Formulierung Ihrer Ziele. Es macht einen gewaltigen Unterschied, ob wir uns auf ein Ziel zu bewegen (HIN ZU-formuliert) oder vor einem Problem flüchten (WEG VON-formuliert). Im zweiten Ansatz benennen wir das Problem und es tanzt samt seinen negativen Auswirkungen ständig vor unseren Augen. Zum Beispiel: Ich will gesund leben. Oder: Ich will nicht mehr rauchen. Die Kraft der Worte macht's, welche Bilder Sie ständig mit sich herumtragen. Auch aus der Therapie kennen wir ähnliche Erkenntnisse. So wird Steve de Shazer gerne mit folgendem Satz zitiert: „Problem talk creates problems. Solution talk creates solutions." Somit kreieren wir die Landkarten für unsere Entwicklung – problembehaftet oder lösungsorientiert. Das generiert die Trancen des Alltags, in denen wir uns ständig befinden.

Positives Denken und positive Formulierungen schaffen angenehme Gefühle und wirken sich auf das physische sowie psychische Befinden aus.

Wie sind die Auswirkungen zu verstehen und wie entstehen Gefühle?

Dank der aktuellen wissenschaftlichen Erkenntnisse kann das bis hin zur Qualität bei der Bildung von Synapsen im

Gehirn (vergl. Manfred Spitzer) und der Zellerneuerung nachgewiesen werden. Der Molekularbiologe Bruce Lipton hat in seinem Buch „Intelligente Zellen" beim Zellwachstum positive *„flight"* und negative *„fight"* Grundprogrammierungen entdeckt. Diese schreibt er der Welt der Gedanken und Einstellungen zu. Ähnliche Ergebnisse hat der japanische Forscher Masaro Emoto beschrieben, als er Wassertropfen beim Einfrieren und Auftauen beobachtete. In ausgedehnten Versuchsreihen erkannte er, dass sich das wahre Wesen des Wassers in seinen Eiskristallen zeigt. In zehntausenden Versuchen hat Emoto herausgefunden, dass Wasser nicht nur gute und schlechte Informationen, Musik und Worte, sondern auch Gefühle und Bewusstsein speichert. Gesundes Wasser bildet, laut Emoto, sechseckige Kristallstrukturen und krankes Wasser tut dies nicht.
Nutzen wir zur weiteren Vertiefung ein Beispiel aus der Welt der Metaphern:
„Der Traum des Königs"
Ein König träumte, dass er alle Zähne verliert. Er befahl einen Traumdeuter zu rufen. Dieser erklärte ihm, dass alle seine Angehörigen vor ihm sterben werden. Der König war erbost und ließ ihn, ob der schlechten Nachricht, in den Kerker werfen.
Also schickte er nach einem zweiten Traumdeuter. Dieser erklärte ihm nun, dass er ein langes Leben haben werde und daher alle seine Angehörigen überleben werde. Darüber erfreute sich der König und belohnte den Traumdeuter reich, für diese weise Deutung.
Wie entsteht diese unterschiedliche Emotion aufgrund der Worte?
Aus dem Bereich der Neurobiologie wurden dazu spannende Details zu Tage gefördert. Unsere unbewusste Wahrnehmung nimmt eine immense Menge an Daten über unsere Sinneskanäle auf. Bewusst erhalten wir später davon nur

mehr einen geringen Teil (Manfred Zimmermann, Das Nervensystem – nachrichtentechnisch gesehen).
Die Anzahl der Informationen, die das Unbewusste pro Augenblick verarbeitet, ist über das Auge mindestens 10 Millionen
- die Haut 1 Million,
- das Ohr 100.000,
- der Geruchssinn weitere 100.000 und
- der Geschmackssinn ungefähr 1000

Alles in allem sind das mehr als 11 Millionen Informationen pro Augenblick. Das Bewusstsein empfängt anschließend nur mehr 40 Informationen pro Augenblick. Im Verhältnis lautet das 1:300.000. Das bedeutet, dass wir eine Vielzahl an Informationen „ausblenden". Im zweiten Schritt werden die Informationen mit Erinnertem verglichen und erzeugen Emotionen. Einen Ansatz dazu liefert das nachfolgende Modell, das in wenigen Millisekunden im Uhrzeigersinn W-E-G im Unbewussten durchlaufen wird.

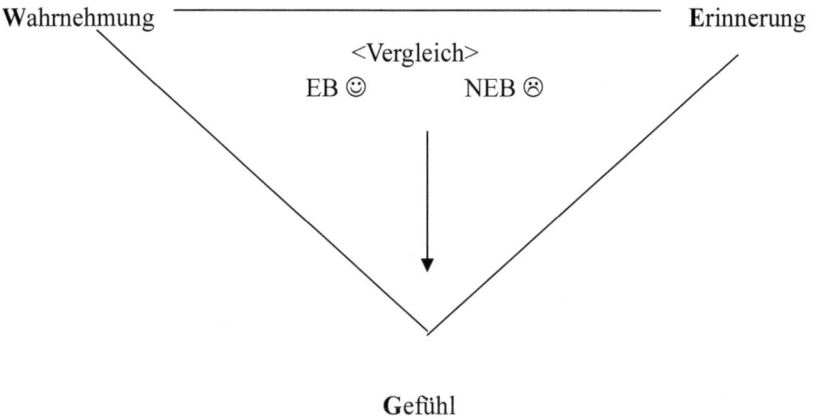

Wenn wir z. B. Worte hören, vergleichen wir das Gehörte im Unbewussten mit unseren Erinnerungen und daraus entstehen noch immer im Unbewussten positive oder negative Emotionen, je nachdem, ob der Vergleich mit der Erinnerung positiv (bei der Erfüllung einer Bedingung) oder negativ (bei der Nichterfüllung einer Bedingung) bewertet wird.

Bei unserer Metapher des Königs ist im ersten Fall (Familie stirbt zuerst) die Nichterfüllungsbedingung (NEB) für „Familie hat ein langes Leben" der Grund für den Ärger, die negative Emotion. Beim zweiten Traumdeuter, der geschickter seine Worte formuliert, wurden die Erfüllungsbedingungen (EB) „Familie hat ein langes Leben" und „König lebt noch länger" getroffen und so eine positive Emotion ausgelöst.

Die Handlungen, die anschließend gesetzt werden, sind sehr häufig ein Ergebnis der erlebten Emotion. Die Emotion hat allerdings mehr mit der Bewertung des Erinnerten (Einstellungen, Werte, Glaubenssätze) zu tun als mit der Situation selbst.

Das hat schon Viktor Frankl festgestellt, indem er sagt: „Nicht das Problem macht die Schwierigkeiten, sondern unsere Sichtweise!"

Spinnen wir den Gedanken weiter, der mit der Wahrnehmung, dem Vergleich mit Erinnertem und dem Entstehen von Gefühlen begonnen hat.

Werden die Emotionen spürbar, bemerken wir erst jetzt bewusst, ob es uns in einer Situation gerade gut geht oder schlecht. Diese bewusste Wahrnehmung, unser bewusstes Denken im präfrontalen Cortex, führt nun zu weiteren Konsequenzen: zu Worten oder Handlungen oder Unterlassungen. Diese wurden im Unbewussten aufbereitet.

Aus diesen Handlungen, wenn wir es immer wieder tun, entstehen unsere Gewohnheiten. Gewohnheiten sind so gesehen die Erfolgsrezepte aus vergangenen Tagen. Diese speichern wir als Erinnerungen ab. Aus den Gewohnheiten entstehen Prägungen als Summe der Erinnerungen. Diese können einschränkend oder unterstützend sein. Im Weiteren beeinflussen sie unseren Charakter und daraus entsteht auf längere Sicht unser Alltag.

Die gute Nachricht zum Schluss. Wir haben unser Schicksal mehr in der Hand, wenn wir zwischen der Emotion und dem Handeln unseren bewussten Verstand einschalten. Wir können uns über Vieles ärgern, wir sind jedoch nicht verpflichtet dazu. Wir können aufgrund des Reizes reagieren oder uns besinnen und etwas anderes sagen und tun. Das birgt eine Chance auf neue Verhaltensmöglichkeiten bei uns selber und beim Gegenüber.

Mit einem Mal ist noch nichts erreicht. Erst durch wiederholtes Tun werden alte, hinderliche Gewohnheiten „überschrieben". Das gilt auch für eine kraftvolle Sprache und positive Formulierungen. Beginnen Sie damit, Ihren Alltag und Ihre Worte zu diagnostizieren. Es wird Ihnen auffallen, wie häufig Sie die Chance haben, alternativ positiv zu agieren.

Beginnen Sie schrittweise „kraftvolle" und „positive" Gedanken, Worte und Handlungen zu nutzen. Erinnern Sie sich öfter an gute Augenblicke und gestalten Sie Ihren Alltag neu. Jeden Tag. Die Mentalübung kann dabei eine nützliche Brücke zu neuen Ufern sein. Viel Freude damit.

Paul Lürzer

Die richtigen Fragen zur richtigen Zeit

Bei jeder Antwort feststellen:
Wie speziell fühlt es sich an, wenn ich daran denke?

Die Morgenfragen (am Besten vor dem Aufstehen)
Worüber in meinem Leben bin ich glücklich?
Worauf in meinem Leben bin ich stolz?
Wofür in meinem Leben bin ich dankbar?
Wofür kann ich mich in meinem Leben begeistern?
Was in meinem Leben finde ich aufregend und spannend?
Wofür in meinem Leben stehe ich ein?
Wen liebe ich und von wem werde ich geliebt?
Was ist zu tun und was davon möchte ich heute tun?

Die Abendfragen (am Besten vor dem Einschlafen)
Was habe ich heute alles getan?
Was habe ich heute für mich, für mein Leben getan?
Welchen Beitrag habe ich für andere geleistet?
Was habe ich heute gelernt?

Der Königsplan
(von Stefan Kindermann)

„Es ist nicht genug, ein guter Spieler zu sein.
Man muss auch gut spielen!"
Siegbert Tarrasch

12) Der Königsplan

Aus „Der Königsplan – Strategien für Ihren Erfolg" von Stefan Kindermann und Robert von Weizsäcker, erschienen im Rowohlt Verlag.

In Bestform beginnen
Der Schachmeister rückt die weißen Figuren vor sich zurecht. Auch die hölzernen Heere warten auf den Startschuss. Bald wird der Schiedsrichter die Schachuhr in Gang setzen. Es geht um Turniersieg, Preisgeld und Qualifikation. Der Gegner nimmt Platz. Kein Augenkontakt. Jetzt ein kurzer Händedruck, beide scheuen die Berührung. Als schneller Film laufen vor seinem inneren Auge die erwarteten Eröffnungszüge ab. Heute wird er sich in offener, taktischer Feldschlacht stellen. Wenn die Figuren dicht aufeinander prallen und beide Könige in höchster Gefahr schweben, kann der kleinste Fehler zur sofortigen Niederlage führen. Jeder Zug wird ein Wagnis und eine unwiderrufliche Entscheidung bedeuten. Auf Schritt und Tritt lauern Fallen und Tretminen. Zieht er zu schnell und dringt nicht tief genug in die Geheimnisse der Position ein, kann das den Untergang bedeuten. Zieht er zu langsam, so droht am Ende tödliche Zeitnot. Hunderttausende von Schachfans werden weltweit an ihren Computern das Duell verfolgen, in Chatrooms kommentieren und die Züge mit ihren Analyseprogrammen ergründen. Er fühlt, wie unter seinem Hemd der Schweiß zu rinnen beginnt. Der Schiedsrichter tritt ans Brett, die Sekunden auf der Digitaluhr beginnen zu laufen. Es ist Zeit, den ersten Zug zu tun …

Das Geheimnis konstanter Leistungen
Wie gelingt es Spitzenkönnern verschiedenster Bereiche, konstant Höchstleistungen zu erbringen? Auch sie haben

immer wieder mit gesundheitlichen Einschränkungen, Lampenfieber, Versagensängsten und verschiedenen persönlichen Problemen zu kämpfen. Dennoch bringen sie im entscheidenden Moment ihre beste Leistung. Was geschieht vor der großen Herausforderung in ihnen? Wie stellen sie sich darauf ein? Wie ertragen sie den Druck? Warum scheitern andere, die technisch sogar besser sind, über mehr Wissen verfügen und härter trainiert haben?

Auch im alltäglichen Berufsleben stehen wir immer wieder vor besonderen Herausforderungen, die uns auf die Probe stellen. Bleiben wir im kritischen Moment weit unter unseren Möglichkeiten, oder wachsen wir über unser normales Niveau hinaus? In welcher Verfassung sind wir vor einer entscheidenden Prüfung? Wie gehen wir in ein kritisches Einstellungsgespräch mit Aussicht auf unseren Traumjob? Was ist zu tun, wenn ein wichtiger Kunde unbedingt gewonnen werden muss? Wie überzeugen wir den rettenden Investor? Mit welcher Energie gehen wir in das nächste Meeting? Mit wie viel Schwung nehmen wir den Entwurf des nächsten Konzepts, ein wichtiges Schreiben oder die übergeordnete Planung der künftigen Firmenstrategie in Angriff?

Wo liegen die Gemeinsamkeiten der vorgestellten Szenarien? Was ist der Schlüssel und die entscheidende Voraussetzung, um konstant gute Leistungen zu erbringen?

Was helfen tausende von perfekten Trainingstoren, wenn der Torschütze beim spielentscheidenden Elfmeter versagt und den Ball gegen den Pfosten schmettert? Was nützen dem Studenten hunderte konzentrierter Lernstunden, wenn sein Gehirn vor dem Prüfer wie leer gefegt scheint?

Nur wenn wir bei einer anstehenden Aufgabe all unser gerade benötigtes Wissen und unsere Fähigkeiten auch einsetzen können, werden wir Höchstleistungen vollbringen. Das im Sparstrumpf verborgene Vermögen wird uns nicht sättigen, wenn wir nicht in der Lage sind, es vor dem Gang zum Bäcker wiederzufinden und hervorzuholen. So müssen wir in der Lage sein, das in uns schlummernde Potenzial genau zur rechten Zeit zu aktivieren.

Innere Ressourcen finden
Im Alltag sind wir leider Meister darin, uns in einen schlechten Zustand „zu hypnotisieren" – denken Sie einfach kurz an das ärgerlichste oder peinlichste Erlebnis der letzten zwei Wochen und malen Sie es sich in allen Sinnesfarben aus. Was haben Sie damals gesehen, was gehört, was gefühlt? Welche Ihrer Werte wurden besonders verletzt? Erhöht sich Ihr Puls? Steigen die heißen Wellen wieder in Ihnen auf? Sehen Sie „rot"? Sind Sie wieder ganz im damaligen Zustand? Stopp. Dieses Ereignis liegt zum Glück hinter Ihnen. Das kleine Selbstexperiment hat einen Hinweis geliefert, wie leicht unsere Vorstellungskraft unseren körperlichen Zustand beeinflussen kann. Gut bekannt ist, wie der Gedanke an den Biss in eine saftige, tiefgelbe Zitrone sofort den Speichelfluss anregt und ein Blasorchester lahm legen kann. Ein erstaunlich wirksames Mittel, um eine hartnäckige Verstopfung zu lösen, ist übrigens die Konzentration auf eine stark angstbesetzte Situation.
Die Placebo-Forschung hat eindeutig belegt, dass die durch unsere Einbildung hervorgerufenen Effekte nicht „nur Einbildung" sind, sondern sich körperlich massiv manifestieren können. So wurden in einem Experiment einer Gruppe von Probanden Beruhigungs- und Aufputschmittel unter „umgekehrten Vorzeichen" und mit der entsprechenden Wirkungsvorhersage verabreicht. Tatsächlich reagierte ein beträchtlicher Teil der Gruppe auf die Prognose statt auf die Wirkstoffe und ließ sich durch die Aufputschmittel beruhigen

beziehungsweise durch die Beruhigungsmittel anregen. Jetzt wollen wir diese in uns schlummernde Kraft gezielt nutzen. Dazu sind in diesem Schritt zwei Dinge zu tun.
Erstens: Wir finden Situationen, in denen wir über diese Fähigkeiten verfügt haben. Dazu aktivieren wir einen inneren Suchlauf. Dies funktioniert am besten, wenn wir uns in einen entspannt-träumerischen Zustand begeben. Bei welchen Gelegenheiten haben Sie Ihre Wunschfähigkeiten besessen? Wann waren Sie witzig, kreativ, schlagfertig, kaltblütig, konzentriert, entschlossen? Wann waren Sie im Vollbesitz Ihrer Kräfte? Schöpfen Sie aus jeder Epoche Ihres Lebens und nutzen Sie jeden Kontext. Können Sie im Freundeskreis brillant Witze und Anekdoten erzählen und die ganze Runde mit Ihrer Heiterkeit anstecken? Dann sind hier wertvolle Fähigkeiten verborgen, die Sie als Redner nutzen können. Sind Sie auf dem Tennisplatz, beim Golf oder beim Fußball selbstbewusst und entschlossen? Das werden Sie bei einer harten Verhandlung mit einem schwierigen Kooperationspartner gut gebrauchen können. Waren Sie als Kind künstlerisch begabt und haben wunderbare Bilder gemalt? Holen Sie die damalige Kreativität wieder hervor und nutzen Sie sie für Ihr Konzept. Können Sie Freunde für eine Unternehmung begeistern? Diese Kraft hilft bei Ihrem nächsten Kundengespräch.
Zweitens: Nun erleben wir die damalige(n) Situation(en) auf allen Sinneskanälen so plastisch und lebendig wie möglich. Genießen Sie die gefundenen Situationen. Staunen Sie über die Vielfalt Ihrer Fähigkeiten. Schlüpfen Sie mit all Ihren Sinnen hinein. Was sehen, was hören Sie, was sagen Sie zu sich, was fühlen Sie, was schmecken und riechen Sie? Dabei Sind Sie mitten im Szenario und sehen aus Ihren eigenen Augen heraus. Erleben Sie diese schönen und kraftvollen Szenen aufs Neue.

Gestalten Sie sie aus und lassen sie sich überraschen, was von innen auftaucht. Jede kleine Ahnung ist willkommen. Folgen Sie dem Erinnerungshauch an seinen Ursprung. Ergänzen Sie unscharfe Erinnerungen durch Ihre jetzige Vorstellung – ja das ist erlaubt. Hier geht es nicht um eine absolute Wahrheit im Sinne einer Zeugenbefragung. Wir wollen über Erinnerung und Vorstellungskraft Ressourcen wecken, die noch im Verborgenen schlummern. Es gibt auch Kräfte in uns, die noch niemals Gelegenheit hatten, in Aktion zu treten. Unsere Vorstellungskraft kann sie wecken.

Ein Kraftsymbol schaffen
Jetzt erreichen wir einen zentralen Punkt. Wie können wir die gefundenen Erinnerungen mit den in ihnen enthaltenen Schätzen jederzeit zugänglich machen? Dazu benötigen wir einen Auslöser, den wir im rechten Moment betätigen können. Das Grundprinzip entspricht dem seit dem Pawlowschen Hund wohlbekannten konditionierten Reflex. Ein gezielt gesetzter Reiz löst eine beabsichtigte Reaktion aus. Tatsächlich sind wir häufig Reizen ausgesetzt, die Erinnerungen und damit verbundene Gefühle hervorrufen. Ein Blick auf ein Urlaubsfoto kann uns innerlich an einen sonnigen Sandstrand mit frischer Meeresbrise und Gefühlen von Freiheit und Glück versetzen, eine alte Mail mit haltlosen Vorwürfen den längst vergangenen Ärger über einen unzuverlässigen Geschäftspartner wachrufen. Das wohl berühmteste literarische Beispiel für solch einen Auslöser ist bei Marcel Proust zu finden:
„Eine in Lindenblütentee getauchte Madeleine (ein Gebäckteilchen, d. V.) stand am Anfang: In der Sekunde nun, da dieser mit dem Kuchengeschmack gemischte Schluck Tee meinen Gaumen berührte, zuckte ich zusammen und war gebannt wie durch etwas Ungewöhnliches, das sich in mir

vollzog. (...) Und dann war mit einem Mal die Erinnerung da. Der Geschmack war der jener Madeleine, die mir am Sonntagmorgen meine Tante Léonie anbot. Sobald ich den Geschmack jener Madeleine wiedererkannt hatte, trat das graue Haus mit seiner Straßenfront hinzu, und mit dem Hause die Stadt, der Platz, auf den man mich vor dem Mittagessen schickte, die Straßen ...(aus „Auf der Suche nach der verlorenen Zeit")"

Diese schöne Beschreibung zeigt einen unbeabsichtigten, „zufälligen" Auslöser. Diesen Effekt wollen wir nun bewusst und gezielt erzeugen. Besonders im Neurolinguistischen Programmieren wurde an der dafür erforderlichen Methodik geforscht. Dort werden solche Auslöser als „Anker" bezeichnet. Der Auslöser oder Anker ruft den irgendwann davor „abgespeicherten" Zustand hervor. Wie funktioniert das in der Praxis? Zwischen Auslöser und erwünschtem Zustand muss eine Verknüpfung geschaffen werden. Diese sollte unserem vorrangigen Sinneskanal entsprechen. Reagieren Sie erfahrungsgemäß besonders stark auf Bilder, auf Worte, auf Körpergefühle oder auch Gerüche beziehungsweise Geschmäcker? Je nach eigenem Sinnestyp wird die Art des Auslösers gewählt, wobei durchaus auch mehrere Sinne kombiniert werden können.

Wir suchen also nach einem Bild, einem Wort/Satz, einer Berührung oder einem Geschmack/Geruch, der der gefundenen, wertvollen Erinnerung zugeordnet wird. Das klingt schwieriger als es ist. Konzentrieren wir uns einfach auf die gefundene Erinnerung. Welches innere Bild, welcher Satz passt dazu? Steht bei der gefundenen Erinnerung starke Konzentrationsfähigkeit im Mittelpunkt? Dazu könnte das (innere) Bild eines meditierenden Mönchs passen. Gefällt Ihnen ein über seine Figuren gebeugter Schachmeister besser? Freunde chinesischer Mythologie könnte ein Einhorn als Symbol des Scharfsinns ansprechen. Oder ein abstraktes Symbol wie ein indisches Mandala oder eine silbern schimmernde Kugel? Der scharf gebündelte Strahl einer Taschenlampe? Vielleicht sehen Sie auch einfach sich selbst in tiefer Konzentration? Ebenso könnte ein Wort oder Satz als Verknüpfung dienen. Lassen Sie sich von Ihrer Intuition leiten – welches Wort/welcher Satz kommt Ihnen als erstes in den Sinn, wenn Sie Ihre Konzentrations-Erinnerung hervorrufen? Worte wie „klar, gebündelt, gesammelt, Konzentrationskraft, Power-Mind" oder Sätze wie „Mein Geist ist klar, ich bin ganz gesammelt."

Alles ist möglich, der Auslöser ist Ihr Geheimnis. Sobald Sie einen Auslöser gefunden haben, aktivieren Sie nochmals Ihre Erinnerung. Sobald die Erinnerung wieder plastisch vor Ihnen steht, verbinden Sie sie mit dem Auslöser. Jeder Auslöser ist gut, wenn er bei Ihnen zu einer Resonanz führt und die jeweilige Erinnerung aktiviert. Manchmal wird ein Auslöser auch zufällig gefunden, kann danach aber bewusst genutzt werden. Nachfolgend ein kurzer Erfahrungsbericht von Stefan Kindermann:

„In einer schachlich schlechten Phase meiner Karriere geschah es immer wieder, dass ich in der dritten Stunde einer Turnierpartie ‚geistig heiß lief', von Emotionen überflutet wurde und plötzlich keinen klaren Gedanken mehr fassen konnte. Bei einem Turnier in Norwegen hatte ich ohne weitere Hintergedanken eine Packung Pfefferminzdragees zur Partie mitgenommen. Als ich wiederum in der gefürchteten dritten Stunde ‚geistig zu überdrehen' begann, griff ich unwillkürlich zu einem Dragee. Kaum verspürte ich den scharfen Geschmack auf der Zunge, klärte sich mein Geist wie durch Zauberschlag. Plötzlich konnte ich wieder ruhig atmen und konzentriert denken. Ich gewann eine überzeugende Partie. Natürlich nutzte ich diese Erfahrung, indem ich künftig in der kritischen Phase stets zu einem Pfefferminz griff. Viele Jahre in Folge konnte man mich nicht mehr ohne solche Dragees am Spieltisch antreffen – die Resultate waren nicht übel ..." Auch äußere Gegenstände oder bestimmte Rituale können als Auslöser dienen. Unter Schachspielern weit verbreitet ist der „Glückskugelschreiber" zum Notieren der Partie, der erst nach einem Verlust ausgewechselt wird. Problematischer für die geruchsempfindliche Umwelt können „Glücks-Kleidungsstücke" sein, die mit erlebten Erfolgsgefühlen assoziiert und während langer Siegesphasen durchgehend getragen werden ... Jeder Auslöser ist gut, wenn er dazu beiträgt, uns in den erwünschten Zustand zu bringen. Besonders günstig sind aber Auslöser, die wir von äußeren Einflüssen unabhängig selbst aktivieren können. Geht es um eine Erinnerung, die Kraft, Freiheit und Freude beinhaltet, kann beispielsweise die Vorstellung eines freien Flugs einen wirkungsvollen Auslöser darstellen. Dabei erleben wir uns selbst als Fliegende, verbunden mit einem Satz wie „I can fly". Patentrezepte gibt es jedoch nicht, so könnte für Menschen mit Flugangst die Wirkung eine gegenteilige sein ... Im Idealfall haben wir jetzt eine oder mehrere mit wertvollen Fähigkeiten aufgeladene Erinnerungen gefunden, sie plastisch auf allen Sinneskanälen wieder erlebt und sie mit einem Auslöser verbunden. Erste Tests haben gezeigt, dass der Auslöser funktioniert und die Erinnerung sowie den zugehörigen, für unsere Aufgabe förderlichen Zustand herbeiführt. Damit ist schon viel geschafft, und unsere Erfolgsaussichten haben sich verbessert.

Stefan Kindermann

Literatur:
Marcel Proust: Auf der Suche nach der verlorenen Zeit, ISBN 978-3518397091

Steh wieder auf!
(von Gerhard Scheucher)

"Der sicherste Weg zum Erfolg ist immer,
es doch noch einmal zu versuchen."
Thomas Edison

13) Steh wieder auf!

Wer nicht wagt, der nicht gewinnt. Scheitern wird in unserem Land der begrenzten Möglichkeiten nicht gerne gesehen – Versagen ist im System nicht vorgesehen. Wer den Fehler macht, einen Fehler zu machen, gerät schnell ins gesellschaftliche Out. Einziges Gegenrezept: Lasst uns die „Revolution des Scheiterns" ausrufen.
Das Heimtückische am Scheitern ist, dass es einem im Moment des Geschehens den Boden unter den Füßen wegzieht – oft überraschend und mit solch einer Wucht, dass es schier unmöglich ist, ad hoc neue Pläne für die Zukunft zu machen. Dabei gilt Scheitern in den ersten Lebensjahren noch als durchaus legitim.
Wenn ein Baby die Wende von der Rücken- in die Bauchlage nicht augenblicklich meistert, ein Kleinkind bei den ersten Schritten ein wenig wackelig auf den Beinen oder sein Kauderwelsch noch recht unverständlich ist, so ist das ganz natürlich. Scheitern wird in dieser Lebensphase noch als natürlicher Teil des Entwicklungsprozess, ja als unabdingbares Element betrachtet, das Lernen überhaupt erst möglich macht.

Von Amerika lernen
Wäre ein offener Umgang mit Fehlern an der Tagesordnung, einer, der Rückschläge als einen Schritt einer langen Entwicklung ansieht, würden sich vermutlich viele Biografien anders lesen. Sogenannte Karriere- oder Erfolgspfade laufen selten so geradlinig ab, wie es uns der Karriereteil der Samstagszeitung weismachen will.
Nur wird davon in den Führungsetagen selten erzählt. Schade eigentlich. Denn sich einzugestehen versagt zu haben ist die eine Seite, noch entscheidender ist aber, wie

man mit Niederlagen und Rückschlägen umgeht. Daraus Strategien zu entwickeln, die einem persönlich weiterhelfen, ist die wirkliche Herausforderung an jeden von uns. Anders als im amerikanischen Raum, wo es – zumindest erweckt es den Anschein – zum guten Ton gehört, mindestens eine Firma in den Sand gesetzt zu haben, wird berufliches Scheitern im deutschsprachigen Raum mit einem Stigma belegt. Gescheiterte werden bedauert, vielleicht sogar gemieden, im schlechtesten Fall an den medialen Pranger gestellt. Gescheiterte werden aus bestimmten Kreisen ausgeschlossen und sterben den sozialen Tod – die radikalste Variante des Gesichts- und Reputationsverlustes.

Scheitern mit einplanen
Status quo: Der moderne Mensch bewegt sich in einem hochkomplexen, diffizil vernetzten und ungemein dynamischen System. Die Resultate sind vielfältig und heißen prekäre Arbeitsverhältnisse, Patchwork-Biografie, Arbeitsnomadie oder Generation Praktikum. Was schließen wir daraus?
Wenn man Scheitern nicht mehr ausschließen kann, sollte man es besser gleich einplanen. Denn die Kräfte, welche die Rahmenbedingungen gegenwärtiger Berufstätigkeit definieren, sind für die meisten Menschen nicht greifbar – und daher nicht beeinflussbar.
Als Konsequenz haben auch Führungskräfte mit viel kreativem Potenzial Verdrängungsmechanismen entwickelt: Scheitern wird verschwiegen, verharmlost oder schön geredet. Es wird im Nachhinein als wertvolle Erfahrung in einem sonst von Erfolg gekennzeichneten Leben dargestellt.
Diese Mechanismen verfestigen das Stigma „Scheitern" noch weiter. Gelegentlich wird ein Scheitern einer Weissagung gleichgestellt: eine einzelne Erfahrung als Wink des Schicksals, es nie mehr wieder zu versuchen. Resignation

als Konsequenz. Das Tabu des Scheiterns führt dazu, dass es als sehr verwirrende, schlecht einzuordnende Erfahrung erlebt wird. Immer wieder aufs Neue.

Gegenwartsschrumpfung
Die Sozialwissenschaften haben einen neuen Begriff gefunden, um dem Tempo der Änderungen einen Namen zu geben: Sie sprechen von „Gegenwartsschrumpfung". Unserem subjektiven Zeitempfinden gehen die Bezüge zu Vergangenheit, Gegenwart und Zukunft verloren. Der aktuell geltende State of the Art ist nach kurzer Zeit angestaubt. Diese Geschwindigkeit des Alltags kann einen schnell einmal überfordern, körperlich wie emotional. Nicht umsonst beschäftigt sich auch die Arbeitsmedizin vermehrt mit dem Phänomen der krank machenden Arbeit.
Eine Untersuchung des Bonner Instituts für Mittelstandsforschung gibt dennoch Grund zur Hoffnung: Sie belegt, dass die Chancen eines Unternehmers, der schon mal gescheitert ist, beim zweiten Anlauf erfolgreich zu sein, um 18 Prozent höher liegen als die von Einsteigern. Das heißt auch: Die Wahrscheinlichkeit, wieder zu scheitern, ist um fast ein Fünftel geringer. Es geht darum, ein Gefühl dafür entwickeln, an welcher Weggabelung wir abbiegen, auf die Gefahr hin, kurz darauf festzustellen, dass es die falsche war.
Lebenslanges Lernen erhöht die Chancen im Berufsleben, ist aber kein Freibrief für die Karriere (mehr). Es fehlt an Vorbildern und Beispielen, wie es in dieser veränderten Arbeitswelt funktionieren kann; an Role Models, die erkennen lassen, dass nach einem Tief ein Hoch kommen kann, dass etwa eine Zeit der Arbeitslosigkeit nicht unweigerlich das Ende bedeutet. Es reicht nicht, den Menschen zu sagen, dass sie mehr als früher gefordert sind, aktiv ihr Arbeitsschicksal in die Hand zu nehmen. Man muss ihnen auch

Überlebensrezepte für das 21. Jahrhundert mit auf den Weg geben. Vor allem darf man sie nicht beim kleinsten Fehlschlag ins gesellschaftliche Out verbannen.

Wer immer tut, was er immer tut, erhält immer, was er immer erhält – Scheitern hält uns im Fluss des Lebens, lässt uns im Aufbruch bleiben. Man muss die Niederlage nur umdrehen – hinten drauf steht: „Ok, Lernschritt, probier etwas anderes." Menschliche Entwicklung per se funktioniert über Trial and Error, Perfektion gibt es im gesamten Universum nicht.

Einzigartigkeit fördern
Schön wäre es, wenn das auch im Schulsystem irgendwann so gesehen und gelebt werden würde: quasi von der „paramilitärischen Versuchsanstalt" (was die ursprüngliche Intention war) zu einer Institution, die die Vollkommenheit der Unvollkommenheit jedes Einzelnen anerkennt, als Einzigartigkeit wertschätzt und diese Einzigartigkeit fördert.

Gönnen wir uns selbst und anderen mehr als nur einen Versuch. So viel wir auch von anderen lernen können, werden wir doch immer eigene Fehler begehen. Eine gescheiterte Idee kann nicht das Ende aller Bemühungen sein, kein Grund für eine gesellschaftliche Stigmatisierung. Wenn wir das Scheitern akzeptieren, fördern wir die Initiative. Mehr noch als das – es wird immer wahrscheinlicher, zumindest einmal im Leben eine berufliche Talsohle zu durchlaufen. Hier treffen die Amerikaner einmal mehr des Pudels Kern: „Steh einmal öfter auf, als du fällst." Will heißen: Ein Abstieg bedeutet noch lange kein Scheitern, sondern erst das unten bleiben. So einfach ist das!

Gerhard Scheucher

Fragebogen zum Selbsttest des persönlichen Scheiterrisikos

1. Wie stehen Sie persönlich einem möglichen Scheitern gegenüber?

Ein Scheitern gibt mir die Chance, zu lernen und wertvolle Erfahrungen zu sammeln.	1
Scheitern kann jedem mal passieren, das Leben geht weiter.	2
So etwas wie Scheitern gibt es bei mir grundsätzlich nicht.	3
Ein Scheitern bedeutet für mich Zusammenbruch – das Ende.	4

2. Sollte ich scheitern, ...

... dann habe ich es größtenteils selbst verschuldet und werde daraus lernen.	1
... dann habe ich einfach Pech gehabt, denn ich versuche immer auf Warnzeichen zu reagieren und reflektiere meine Strategie und mein Handeln regelmäßig.	2
... dann war ich in mancher Hinsicht unaufmerksam und habe vielleicht einige Fehler begangen, die ich beim nächsten Mal nicht wiederholen werde.	3
... dann ohne eigenes Verschulden, sondern aufgrund widriger Umstände bzw. der Fehler anderer Personen.	4

3. Wie zufrieden sind Sie mit Ihrer momentanen Tätigkeit?

sehr zufrieden	1
eher zufrieden	2
eher unzufrieden	3
sehr unzufrieden	4

a) Sollten Sie (eher) unzufrieden sein, welche der nachfolgenden Aussagen trifft auf Sie zu?

Ich bin schon dabei, meine Situation zu verbessern.	1
Ich habe konkrete Pläne, wie ich meine Situation verbessern werde (inkl. Zeitplan).	2
Ich hätte zwar Ideen, wie ich meine Situation verbessern kann, aber noch keinen konkreten Plan.	3
Ich habe nicht vor, etwas an meiner Situation zu verändern bzw. gehe ich davon aus, dass ich selbst meine Situation überhaupt nicht ändern kann.	4

4. Welcher der nachfolgenden Aussagen zur Festlegung bzw. Erreichung von Zielen stimmen Sie am ehesten zu?

Ich versuche möglichst alle Faktoren zu berücksichtigen, um vorab realistische und gut erreichbare Ziele zu definieren.	1
Ich stecke mir Ziele und probiere dann aus, ob sie in der Realität erreichbar sind. Sind sie es nicht, definiere ich neue Ziele.	2
Wenn ich einmal ein Ziel definiert habe, dann verfolge ich es konsequent. Ein Ziel zu verändern kommt nicht in Frage.	3
Ich stecke mir nie oder sehr selten konkrete Ziele.	4

5. Sie bemerken erste Anzeichen für Veränderungen in Ihrem beruflichen Umfeld oder verzeichnen kleinere Fehlschläge – wie reagieren Sie?

Ich versuche, den Entwicklungen sofort auf den Grund zu gehen und bin flexibel genug meine Strategie frühzeitig an sich ändernde Bedingungen anzupassen.	1
Ich reagiere nicht sofort, beobachte mein Umfeld aber genau und halte mich bereit, um zu reagieren.	2
Ich arbeite noch härter, um Defizite auszugleichen.	3
Ich reagiere nicht, denn aufgrund eines kleinen Fehlschlages sehe ich keinen Handlungsbedarf. Das pendelt sich von selbst wieder ein.	4

6. Inwieweit stimmen Sie nachfolgenden Aussagen zu?
   (1 ... stimme vollkommen zu; 4 ... stimme überhaupt nicht zu)

Ich arbeite nicht nur, um Geld zu verdienen, sondern auch weil es mir Spaß macht.	1	2	3	4
Ich achte auf Ausgeglichenheit zwischen Arbeit und Privatleben.	1	2	3	4
Kritikfähigkeit ist eine meiner Stärken.	1	2	3	4
Ich kann mit Fehlern gut umgehen: Ich akzeptiere sie und lerne aus ihnen.	1	2	3	4
Ehrlichkeit und Offenheit haben für mich einen hohen Stellenwert – gegenüber mir selbst und gegenüber anderen.	1	2	3	4
Durch Fehlschläge lasse ich mich nicht leicht entmutigen.	1	2	3	4
Ich weiß, wie ich mich selbst motivieren kann.	1	2	3	4
Es ist mir wichtig, mich im Leben und auch beruflich weiterzuentwickeln.	1	2	3	4

Ich stecke mir grundsätzlich Ziele, die ich auch erreichen kann.	1	2	3	4
Selbstreflexion und Analyse der eigenen Stärken und Schwächen führe ich regelmäßig durch.	1	2	3	4
Ich achte darauf, flexibel zu bleiben.	1	2	3	4
Ich versuche bewusst, aus allen Erfahrungen zu lernen.	1	2	3	4

7. Um einem möglichen Scheitern schon im Vorfeld entgegenzuwirken, ...

... nutze ich regelmäßige Weiterbildung und betreibe aktive Kommunikation mit meinem Umfeld.	1
... verlasse ich mich vorwiegend auf ein gutes Netzwerk, das ich pflege und weiter ausbaue.	2
... ist harte Arbeit das beste Mittel: Ich bringe jeden Tag 100%igen Einsatz, wenn nötig auch am Wochenende.	3
... verfolge ich konsequent meine definierten Ziele, denn diese sind wohl durchdacht – sollte ich scheitern, ist es nicht meine Schuld.	4

8. Stellen Sie sich vor, Sie werden mit beruflichen Problemen konfrontiert, die Sie alleine kaum bewältigen können. Wie würden Sie agieren?

Ich hole mir frühzeitig professionelle Hilfe von einem/einer Experten/Expertin.	1
Ich versuche dennoch, das Problem selbst zu lösen, bevor ich mir Hilfe hole.	2
Hilfe von außen anzunehmen ist für mich der allerletzte Ausweg.	3
Ich brauche keine externe Hilfe – meine Probleme löse ich grundsätzlich selbst.	4

9. Wie sehr stimmen Sie folgender Aussage zu? „Aus jedem Scheitern kann man lernen!"

stimme vollkommen zu	1
stimme eher zu	2
stimme eher nicht zu	3
stimme überhaupt nicht zu	4

Auswertung:
Selbsttest des persönlichen Scheiterrisikos
[Anmerkung: Mindestpunkteanzahl 21, Maximalpunkteanzahl 84]

Typ A „Erfolg ist kein Geheimnis" (bis 30 Punkte – Scheiterrisiko unter 25%)
Für Sie ist Erfolg kein Geheimnis oder ein Buch mit sieben Siegeln. Sie wissen, worauf es ankommt und haben keine Probleme bei der Umsetzung Ihrer Ideen. Sie schaffen es, eine gute Balance zwischen Arbeit und Privatleben zu halten. Sie sind zielstrebig, aber nicht verbissen. Sie setzen sich selbst realistische Ziele und wissen, wie Sie diese auch erreichen können. Aus Fehlern lernen Sie und Sie besitzen die Fähigkeit flexibel auf sich ändernde Gegebenheiten zu reagieren.

Typ B „Noch ist nichts verloren" (31 bis 50 Punkte – Scheiterrisiko 25-55%)
Bei Ihnen läuft nicht alles ganz reibungslos. Etwas mehr Flexibilität oder Voraussicht könnten Sie auf einen guten Weg zum Erfolg bringen. Vergessen Sie nicht, sich auch mal Pausen zu gönnen und scheuen Sie sich nicht davor, einmal getroffene Entscheidungen oder Strategien zu überdenken und gegebenenfalls abzuändern. Gehen Sie mit offenen Augen durch das Leben und nutzen Sie gemachte Erfahrungen, um Ihr Potenzial weiterzuentwickeln.

Typ C „Dringender Handlungsbedarf" (51 bis 70 Punkte – Scheiterrisiko 56-80%)
Es ist Zeit etwas zu unternehmen. Sie sollten Ihr Schicksal in die eigenen Hände nehmen und Verantwortung für Ihr Wohlbefinden übernehmen. Nur Sie selbst können Ihre Situation verbessern, wobei Beratung durch Experten sehr hilfreich

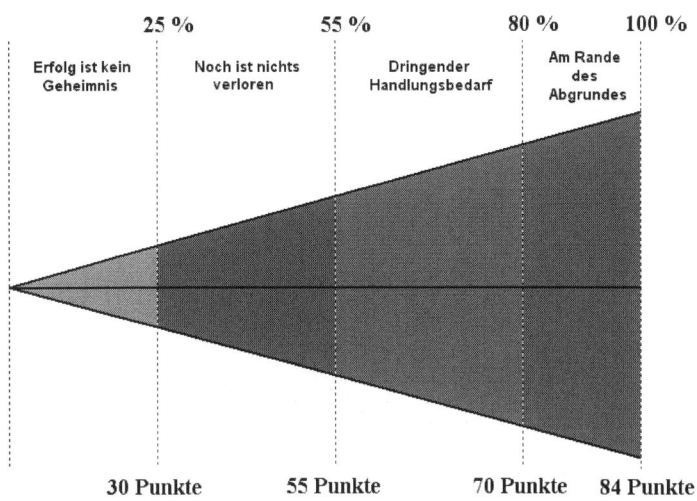

und zielführend sein kann. Überdenken Sie Ihre Ziele und die Mittel, mit denen Sie diese erreichen wollen. Setzen Sie Ihre Energien, Ihr Potenzial und Ihre Kompetenz zielführend und effizient ein. Stecken Sie sich realistische Ziele, für die Sie sich begeistern können und erarbeiten Sie einen funktionierenden Plan zur Zielerreichung.

Typ D „Am Rande des Abgrunds" (mehr als 70 Punkte – Scheiterrisiko mehr als 80%)
Es ist sprichwörtlich „5 vor 12": Ohne eine schnelle, umfassende und effektive Veränderung wird ein Scheitern unvermeidbar. Sie befinden sich in einer Situation, die in vielen Aspekten unzufriedenstellend für Sie ist. Holen Sie sich Hilfe von einem/einer Experten/Expertin aus den Bereichen Unternehmens- oder Lebensberatung und überlegen Sie grundlegend, welche Ziele Sie in Zukunft verfolgen möchten und ob bzw. wie Sie diese erreichen könnten.

Die Königsdisziplin Selbstliebe
(von Beatrix Schwärzler)

"Als ich mich wirklich selbst zu lieben begann, habe ich verstanden, dass ich immer und bei jeder Gelegenheit, zur richtigen Zeit am richtigen Ort bin und das alles, was geschieht, richtig ist - von da konnte ich ruhig sein."
Charlie Chaplin

14) Die Königsdisziplin Selbstliebe

Die Kunst der Selbstliebe, dem „Selbst" bewusst zu sein (Selbstbewusstsein), sich vertrauen zu können (Selbstvertrauen) sind wichtige Faktoren, um ein glückliches und sinnerfülltes Leben gestalten und leben zu können. Eine Disziplin, die eine Auseinandersetzung mit sich selbst erfordert. Die Fragen „Wer bin ich eigentlich oder was macht dieses Selbst´ eigentlich aus?" sind Fragen, denen sich der Mensch im Laufe des Lebens stellt oder die sich aufgrund der Lebensumstände aufdrängen. Dabei kann die Antwort fürs Erste ganz einfach lauten: Das Selbst ist das Ergebnis einer Vielzahl an Gedanken, gekoppelt an Lebenserfahrungen, Werte, Bedürfnisse und Wünsche.

Ein durchschnittlicher Mensch produziert an einem Tag ca. 50.000 bis 60.000 Gedanken. Wie viel davon zugunsten eines gesunden Selbstwertes fallen, ist von Mensch zu Mensch verschieden. Trotzdem kann aus mentaler Sichtweise gesagt werden, der Selbstwert, und im weiterem Sinne die Selbstliebe, hängen davon ab, wie du über dich selbst denkst und du dein „Selbst" in deinen Gedanken erschaffst. Gedanken haben bekanntlich eine Auswirkung auf unser Verhalten und auf unsere Gefühle. Gedanken sind steuerbar, damit verbunden ist auch der Selbstwert veränderbar. Die Selbstliebe kann daher als ein Zustand gesehen werden, in den wir uns bewusst mit Unterstützung positiver Gedanken bringen können.

Die Ursache für einen Mangel der Selbstliebe liegt an den unwahren Gedanken, die wir über uns selbst und die Menschen in unserem Leben denken. Diese Gedanken rufen oft schmerzliche Emotionen hervor und werden in Folge verdrängt. Den Ursprung dieser Gefühle können wir häufig in unserer Kindheit und den dort gemachten Erfahrungen finden, in erlerntem Opferverhalten und den daraus resultierenden Verhaltensweisen. Diese Verhaltensweisen und Muster verbunden mit den Werten können jedoch zugunsten der Selbstliebe überprüft und entsprechend der Lebensvorstellung und eigentlichen Bedürfnissen neu ausgerichtet und erlebt werden.

Das Wissen
Selbstliebe bezeichnet die allumfassende Annahme seiner selbst in Form einer uneingeschränkten Liebe zu sich selbst. Selbstliebe korreliert mit Begriffen wie Selbstwert, Selbstbewusstsein, Selbstannahme und Selbstvertrauen. Die Selbstliebe kann als Grundlage dafür gesehen werden, andere Menschen überhaupt lieben zu können.
Psychotherapeutische Konzepte beschreiben die Selbstliebe als Voraussetzung für eine gute Verbindung zu anderen Menschen und zur Welt. Die Selbstliebe ist von Egozentrik und Narzissmus abzugrenzen. Der Narzisst verhält sich egozentrisch, spielt sich unweigerlich in den Mittelpunkt, frönt nach Zuwendung, weil er sich nicht liebt und für minderwertig hält.

Selbstwert und Selbstbewusstsein:
Selbstwert und Selbstbewusstsein meinen den Wert und das Bewusstsein in und für die eigene Persönlichkeit, welche durch aktive innere Denkprozesse erkennbar sind. Diese Denkprozesse können mit Fragen transparent gemacht werden. Die Antwort auf die Frage: „Bin ich mir meiner Selbst ausreichend bewusst oder wie wertvoll bin ich mir selbst?" kann eine gute Auseinandersetzung antreiben und Klärungsschritte einleiten. Als wie „wertvoll" wir uns letztlich empfinden hängt davon ab, ob wir an unsere Fähigkeiten glauben und ob diese Leistungen für uns, aber auch für an-

dere wertvoll sind. Selbstwertgefühl und Selbstvertrauen sind ebenfalls eng miteinander verbunden und wirken komplex zusammen.

Selbstvertrauen und Selbstzuwendung:
Die Zuwendung zu sich selbst und das Vertrauen in die eigenen Fähigkeiten sind ein weiterer Schritt für die gesunde Selbstliebe. Hier kann die Frage gestellt werden: „Wie stehe ich zu mir selber, welchen Fähigkeiten kann ich vertrauen oder welche Teile von mir kann ich gut annehmen und wertschätzen?" Der Grad des Selbstvertrauens hängt auch von der Bewertung für die Befähigung bestimmter Tätigkeiten ab und ist zeitlichen Änderungen unterworfen. Die Bewertung von Verhaltensweisen ist ein aktiver Prozess, der auch zu einem großen Teil passiv läuft und welchem in dieser Auseinandersetzung besonders Aufmerksamkeit geschenkt werden soll. Negative Bewertungen lösen immer negative Gefühle aus und mindern Selbstvertrauen und Selbstwert.
Selbstannahme:
Zur Selbstannahme bzw. Selbstakzeptanz gehört die Fähigkeit zur Selbstreflexion. Die Selbstreflexion kann in diesem Zusammenhang als Filter für Denkvorgänge und Verhaltensweisen gesehen werden. Dabei soll entschieden werden, welche Inhalte und Konzepte weiter ins Leben sollen, was als „akzeptiert" angenommen und was in der Vergangenheit gelassen werden kann. Dabei sollen nicht förderliche Konzepte identifiziert und aufgegeben werden. Die Erleichterung der kognitiven und emotionalen Last fördert die Lebensfreude und führt hin zur Dankbarkeit. Die Dankbarkeit ist eine Fähigkeit, die jeden Tag praktiziert werden soll und sie kann schlussendlich als der heimliche Freund eines gesunden Selbstwertes gesehen werden. Fehlende Selbstannahme bewirkt ein ständiges Suchen nach Anerkennung, Zuwendung und Liebe.

Die Anwendung
Für die Auseinandersetzung mit der Selbstliebe ist daher wichtig, sich selbst zu beobachten und sich selbst besser kennenzulernen. Dabei kann über Sensibilisierung der Selbstwahrnehmung, über die Auseinandersetzung mit Lebenserfahrungen und Mustern, die Überprüfung von Werten, die Ressourcenaktivierung ein gesunder Selbstwert und folglich mehr Selbstliebe herbeigeführt und erlebt werden. Folgende Schritte können die Steigerung dieses Gefühls unterstützen und sich auf die Lebensqualität positiv auswirken:

1. Die Selbstwahrnehmung schärfen
Den Denker beobachten – ihn zum (Selbst)Freund bestellen. Es geht zunächst darum, deinen Denker zu einem Freund zu machen, der zu dir steht und gut zu dir ist. Ein Freund, der dich nicht stört oder dich mit negativen Gedanken quält. Dazu muss dieser Denker beobachtet werden, um vom Werten, Beurteilen und Kritisieren mehr Abstand zu gewinnen (das Selbst als guten Freund, den „Selbstfreund" personifizieren). Zuerst sollen die negativen Gedanken identifiziert und festgehalten werden. Dazu kann die Frage „Wie treibe ich mich negativ an?" gestellt werden (mindestens fünf ungünstige Vorgangsweisen sollen identifiziert werden). Im zweiten Schritt sollen die inneren Texte aufgeschrieben und positiv umformuliert werden. Hier kann die Vorstellung, was ein guter Freund zu dir sagen würde, unterstützend sein. Fragestellung: „Wie verhält sich ein Freund, wenn ein Problem ansteht? Welchen Ton nimmst du wahr? Was sagt ein guter Freund, wenn du Schmerz empfindest? Wie spricht er, wenn du Freude und Erfolg hast? (Dieser Stimme mehrmals täglich achtsam zuhören und ebenfalls notieren. Der negative Text wird durch den positiven Text zuerst schriftlich, dann gedanklich ersetzt und praktiziert.)

2. Erfahrungsmuster überprüfen

Unser Selbst ist unser Selbstbild, unsere Selbstvorstellung. Das Selbstbild einer Person entsteht daraus, wie Eigenschaften und erlebte Erfahrungen beschrieben und bewertet werden. Erinnerungen und Vorstellungen hängen oft an alten Bildern und Gedanken aus früheren Erlebnissen und der Erziehungsstruktur (Erziehungskultur). Dabei stoßen wir auf innere Texte, die wir aus der Erziehung kennen, die nicht förderlich sind und die wir insgeheim ablehnen, obwohl wir sie unbewusst oder bewusst verstärken und praktizieren. Zur Hilfestellung für die Identifizierung dieser Glaubenssätze sind die fünf bekanntesten Antreiber zweckdienlich: Sei stark, sei schnell, sei lieb, beeil dich und streng dich an. Diesen Antreibern kann mit „Erlauber-Sätzen" entgegengewirkt werden. Die Antreiber werden wie folgt neu formuliert und konditioniert: Sei stark = ich darf auch Schwächen haben, sei schnell = ich habe genug Zeit, sei lieb = ich darf es auch mir recht machen, beeil dich = ich habe genug Zeit, streng dich an = ich kann es auch mir recht machen. Die Antreiber werden zu „Erlaubern" umgewandelt und ebenfalls mehrmals täglich rezitiert.

3. Werte benennen

Grundsätzlich sind Werte wünschenswerte Lebensinhalte, also wichtige Bedürfnisse und Grundlagen für eine gute Lebensqualität. Je mehr wir die aus unseren alten Erfahrungsmustern übernommenen Werte hinterfragen, relativieren und unsere Talente zur Entfaltung bringen, umso mehr werden wir „wir selbst". Je mehr wir diesem Selbst bewusst sind, desto mehr können wir uns selbst vertrauen. Es kann die Frage gestellt werden „Was ist ein wahrer Wert und welche Werte habe ich übernommen und welche Werte, die ich übernommen habe, haben weniger Wahrheitsgehalt?"

Dadurch, dass wir auch Werte aus der Kindheit oder aus früheren Erfahrungen übernommen haben, bringen wir unbewusst eine Reihenfolge in unser inneres Wertesystem. Dieses Wertesystem soll überprüft und neu geordnet werden. Wesentlich ist, dass die Werte den richtigen Platz in der Wertehierarchie erhalten und dass die Frage gestellt wird: „Kommen die verschiedenen Zielvorstellungen miteinander aus?" Fördern sich die Werte, die in die gleiche Richtung zielen oder halten sie sich gegenseitig auf, kommt es zu Blockaden?" Es gilt genau abzuwägen, welchen Platz welcher Wert bekommt. Dafür sollen zehn Werte benannt und in eine in sich harmonierende Reihenfolge gebracht werden. Die Werte sollen immer neu betrachtet werden, um eventuelle Verschiebungen vornehmen zu können

4. Ressourcenaktivierung und Potenziale entfalten
Ressourcen sind innere Potenziale eines Menschen und betreffen z. B. Fähigkeiten, Fertigkeiten, Kenntnisse, Geschicke, Erfahrungen, Talente, Neigungen und Stärken, die oftmals gar nicht bewusst sind. Diese Kraftquellen können genutzt werden, um gute Prozesse zu fördern und um den Bedürfnissen nachzukommen. Potenzial (von lat. potentia = Stärke, Macht) ist die Fähigkeit zur Entwicklung einer noch nicht ausgeschöpften Möglichkeit zur Kraftentfaltung. Potenzialentfaltung ist Freiheit! Das beschreibt auch der Hirnforscher Gerald Hüther, der der Potenzialentfaltung viel Bedeutung für die persönliche Reifung und Weiterentwicklung beimisst: „Nicht dort, wo du es schon zur Meisterschaft gebracht hast, sollst du dich weiter erproben, sondern dort, wo es dir an solcher Meisterschaft fehlt!". Eine Fragestellung dazu könnte lauten: „Was kann ich gut, was konnte ich immer schon? Welche Ressourcen wollen mehr ins Leben? Was wollte ich immer schon? Was lockt mich?"

5. Das Selbst lieben

Selbstliebe ist der Zustand, in den du dich bewusst bringst. Dazu können die Ergebnisse der besprochenen Punkte bzw. die Antworten auf die Fragen Aufschluss geben. Neue Gedanken, entsprechende Bilder und echte Verhaltensweisen stellen ein neues Selbstbild dar und sollen wertgeschätzt werden. Dieses neue Selbstbild hat eine positive Auswirkung auf unsere Gefühle und auf unser Befinden. Mit diesen gezielten Gedanken und Gefühlen kann die Selbstliebe geweckt und gepflegt werden, indem die Dankbarkeit in die Mitte rückt und so die Herzensaugen geöffnet werden. Der Blick in das eigene Herz soll anrührend sein. Habe ich den Zustand erreicht, die eigenen Herzensaugen zu öffnen, mich zu spüren und erleben, vermag ich es, Menschen die Herzensaugen zu öffnen und dadurch echte und konstruktive Kontakte und Begegnungen ermöglichen.

„Sich selbst spüren und dadurch Menschen spüren, sich selbst zu vertrauen und dadurch anderen Menschen und dem Leben zu vertrauen, sich selbst erleben und so Menschen mehr erleben zu können, sich selbst lieben und so andere Menschen, die Welt und das Leben lieben zu können".

„Sich selbst ein guter Gast und den Menschen ein guter Gastgeber zu sein, das wünsche ich dem Leser".

Beatrix Schwärzler

Ein Leben im Flow
Wenn Höchstleistungen, Gesundheit und Erfolg einander die Hand geben
(von Kristin Walzer)

"Es ist reine Zeitverschwendung,
etwas nur mittelmäßig zu tun."
Madonna

15) Ein Leben im Flow

Wenn Höchstleistungen, Gesundheit und Erfolg einander die Hand geben

Im Film „Die Legende von Bagger Vance" wird sehr eindrucksvoll gezeigt, wie Flow im Golf entsteht und wie es sich im Turnier umsetzen lässt. Will Smith als Bagger Vance erklärt Matt Damon als Junuh, worauf er zu achten hat. In der entscheidenden Phase lässt er ihn zum Abschlag gehen mit den Worten:
„Es gibt nur Sie, den Ball, die Fahne und das, was Sie sind."

Was ist Flow?
Flow (englisch: „Fließen, Rinnen, Strömen") bezeichnet das Gefühl der völligen Vertiefung und des Aufgehens in einer Tätigkeit.

Flow ist ein Bewusstseinszustand, in welchem Bewegungsabläufe und Intuition in vollem Einklang stehen. Flow ist ein Zustand voller Synchronisation von Herz und Verstand.

Ich selbst arbeite seit 12 Jahren auf der Golf Damen- und Herren-Tour als Mental Trainerin und habe viele Spielerinnen und Spieler zu diesem Thema interviewt. Folgendes Zitat stammt von Markus Brier, dem bekanntesten österreichischen Golfer und zweifachen Toursieger:
„Im Flow geht alles von selbst; Konzentration geht blitzartig. Bei jedem Schlag weiß ich, was der perfekte Schlag ist, und bin im Gefühl. Da brauchst nichts probieren oder nachdenken oder reinfinden, das Gefühl ist einfach da. Es bedeutet Hingabe an den Moment."

Einer der ersten Forscher und Autoren, der zum Thema Flow erwähnt gehört, ist Mihaly Csikszentmihalyi mit seinem Buch „Flow. Das Geheimnis des Glücks". Sein Buch, entstanden nach jahrzehntelanger Forschungsarbeit an der Claremont Graduate University in Kalifornien, zeigt, wie es möglich ist, das eigene Leben zu verändern, das „Chaos im Kopf zu bändigen", Kreativität zu entfalten und Freude zu empfinden.

Die meisten SportlerInnen haben bereits Momente von Flow im Wettkampf erlebt. Viele haben schon den Genuss vom Siegen erlebt, kennen das Gefühl und wissen, wie es sich anfühlt. Die Frage, die sich jedoch immer wieder stellt, ist, wie komme ich in den Flow? Was kann ich tun, um dieses Gefühl immer wieder zu haben?

Wie komme ich in den Flow?
Oder besser Wie kommt der Flow zu mir?

Ich möchte in meinem folgenden Beitrag ganz beim Beispiel Golf bleiben und die Kriterien und Übungen erläutern, die wir in den letzten Jahren entwickelt haben, um in den Zustand von Flow zu kommen. In meinem Vortrag am Kongress haben wir versucht die Querverbindungen zu anderen Sportarten und in den Alltag, im Business und im Privaten zu legen.

Wir erarbeiten im Sportlerprofil drei Phasen, die den Flow begünstigen:
- Vorbereitung auf das Turnier:
  Langfristig: Ziele, Visionen, Erarbeitung von Stärken, Glaubenssätzen (z. B. meine Haltung zu Erfolg, Sieg und Gewinn), Wertehierarchien, Systeme im Team;

Entwicklung eines starken inneren Zustands. Ein „neutraler Zustand", der mir die Möglichkeit gibt, im Hier und Jetzt zu sein; Baumübung.
Kurzfristig: Schnelles Verändern von inneren Zuständen, spezifischer Turnierplan und mentale Turniervorbereitung

- Die Zeit während eines Turniers:
Preshot Routine: Zielen – Fokussieren – Loslassen
Postshot Routine: Umgang mit Erwartungen und Bewertungen; inneres Korrigieren der eigenen Fehler für die eigene Festplatte, Zurückkehren in den neutralen Zustand.

- Cool Down, Verarbeitung und Regeneration;

Erster Schritt: Die Stille
Swamii Kaleshwar, ein indischer Meister, spricht gerne von „Monkey Mind". Er meint damit, dass vor allem der Verstand der Menschen im Westen einer wilden Horde von Affen gleicht, die kaum zu bändigen ist.
Wenn SportlerInnen zu mir kommen, ist es unsere erste Aufgabe, Gedanken, Vorstellungen und Ziele zu sortieren und alles loszulassen, was nicht mehr zur Person gehört. Die Gedanken werden auf eine klare Linie oder in eine klare Form gebracht und im „Monkey Mind" kehrt langsam mehr Ruhe ein.

Wir finden heraus, welche Möglichkeiten bereits genützt werden, um in die Stille zu gehen, und die innere Balance und Mitte zu finden und probieren neue Möglichkeiten aus. Die Beruhigung des „Monkey Minds" und Stille in mir entstehen zu lassen, werden als fester Bestandteil in den Tages- und Wettkampfablauf eingebaut.

An dieser Stelle möchte ich auf das Buch von Felix Gottwald „Ein Tag in meinem Leben" hinweisen, der uns mit seinen Erzählungen sehr inspiriert, in die Stille zu gehen.

Zweiter Schritt: Mein optimaler innerer Zustand
Dieser wird in der Literatur auch oft als optimaler Leistungszustand beschrieben. Es ist der Zustand, in dem wir Zugang zu unseren Ressourcen, zu unserem Potenzial haben. Es ist der Zustand, in dem wir alles, was in uns steckt, abrufen können.
Als Kind haben wir die Fähigkeit, binnen Sekunden von intensivem Weinen auf intensives Lachen zu wechseln. Dies ist eine Fähigkeit, die auch Erwachsene besitzen, aber nur selten zum Einsatz kommen lassen.
Der Sport braucht die kindlichen Fähigkeiten, um erfolgreich zu sein. In einer Golfrunde, die über vier Stunden dauert, ist es nicht sinnvoll, einem schlechten Schlag die ganze Runde nachzutrauern. Die Fähigkeit, sich selbst und seine Emotionen in jedem Augenblick beeinflussen zu können, ist eine der Grundfähigkeiten, um den Flow geschehen zu lassen und als Sportler erfolgreich zu sein. Annika Sörenström, die beste Golferin, hat in einem Interview über ihr Spiel gesagt: „Um eine bessere Golferin zu werden, musste ich erst lernen ein besserer Mensch zu sein."

Was können wir uns unter dem optimalen inneren Zustand vorstellen?
Viele Jahre galt im Mental-Training die Regel „vom Positivdenken" in jeder Lebenslage. Die Grundidee ist nett, aber sie funktioniert nicht. Ich kann mir nach einem schlechten Schlag oder nach einem gerade gemachten Fehler nicht sagen, dass ich toll bin und dass ich gerade große Freude empfinde. Vielmehr sprechen wir von einem neutralen Zustand, in dem wir offen

sind den Herausforderungen zu begegnen. Dieser Zustand stellt die Basis dar für mein Training, aber auch meine Basis, um den Wettkampf zu beginnen. Wann immer ich eine extreme Gefühlsregung hatte – egal ob großer Ärger oder große Freude –, ist dies meine innere Basis. Die SportlerInnen wissen, woran sie denken können, und wissen, was sie immer wieder auf ihren individuell festgelegten „neutralen Zustand" zurückbringt.

Beispiel: Markus spielt einen guten Schlag ins Grün, unterschätzt aber den Wind und der Ball rollt in den Sandbunker. Ärger über sich und den Caddy, dass sie den Wind falsch bestimmt haben, kommt auf. Er hat nun am Weg zum nächsten Schlag Zeit, sich wieder in einen neutralen Zustand zu bringen. Am nächsten Loch Par 3 schlägt er direkt ins Loch und hat ein „Hole in One". Überschwängliche Freude, die Zuschauermenge tobt und gratuliert ... Obwohl noch immer viele Zuschauer jubeln und Markus zurufen, hat er den Weg vom Grün bis zum Abschlag Zeit, sich von überschwänglicher Freude in seinen „neutralen Zustand" zu bringen.

Es gibt die unterschiedlichsten Wege, wie sich eine Sportlerin oder ein Sportler wieder in den „neutralen Zustand" bringt, aber ich gebe hier ein Beispiel mit vereinfachten drei Typen:

Typ A: stark visuell, braucht einen Satz, der eine bildliche Metapher beinhaltet:
„Hellrote Sonne im Bauch, grüne Wurzeln in die Erde" und denkt an seine einjährige Tochter.

Typ B: stark kinästhetisch: wir nehmen drei Worte, die eine direkte Empfindung bringen und kombinieren die Worte mit einer tiefen Bauchatmung
z.B. „Gelb, warm und weich" – tiefer Atemzug

Typ C: stark auditiv, verbindet seine Worte mit einem Geräusch oder Klang
„summt innerlich seine Lieblingsmelodie und hört den Klang vom perfekten Impact (Treffmoment)"

Es mag an dieser Stelle für viele etwas unglaublich klingen, aber diese Worte, Sätze oder Metaphern funktionieren. Voraussetzung ist, dass sie wirklich individuell genau zu dieser Person passen. Probieren Sie es mit Kindern oder bei sich selbst aus. Auf die Frage „Wie geht es dir?" bekommen wir meist die Antwort „Gut", die wenig aussagekräftig ist. Fragen Sie jedoch „Wenn du deinem heutigen Befinden eine Farbe geben würdest, welche ist das?", werden Sie im Laufe der Zeit mehr über die verschiedenen Farben und zugehörigen Stimmungslagen erfahren. Kinder können Ihnen auch sehr schnell eine Strategie liefern, wie sie es machen, indem sie fragen: „Kannst du nun von Rot auf Weiß wechseln?" Antwort: „Ja, schon passiert!"

Das Erlernen und schnelle Wechseln in den „neutralen Zustand" ist die Basis, um Flow geschehen zu lassen. Je erfahrenen der Spieler oder die Spielerin ist, desto seltener lassen sie sich aus dem neutralen Zustand bringen und können Flow geschehen lassen. Der Übergang vom neutralen Zustand in den Flow ist oft fließend und kommt und geht. Im Laufe von vier Stunden können Golferinnen und Golfer immer wieder im Flow sein, aber auch wieder rausfallen. Dann beginnen sie erneut über den „neutralen Zustand" den Flow einzuleiten.

Nachdem uns Bagger Vance zu Beginn in den Flow geführt hat, überlasse ich ihm auch gerne die Schlussworte: „In allen von uns steckt der einzige, wahre, authentische Schwung.

Etwas, womit wir geboren wurden. Etwas, das uns gehört, uns ganz alleine. Etwas, das man nicht erlernen kann. Etwas, an das man sich erinnert!"

Kristin Walzer

Literatur:

Felix Gottwald: „Ein Tag in meinem Leben",
ISBN 978-3200012264

Mentalübung:

Baum
Für den Übungsteil habe ich die Baumübung gewählt, weil sie uns in unsere Mitte bringt und für jeden beschriebenen Typ funktioniert; wenn unser „Monkey Mind" wieder zuschlägt, bewirkt die Übung eine Verlagerung der Aufmerksamkeit vom Kopf in unsere Mitte.

Ziel: *Balance zwischen Herz und Verstand; Vertrauen und Stabilität; Gedanken in Ruhe; Zentrum ist die Körpermitte; tiefe Bauchatmung*

Erfahrung: *Wenn die Übung einige Male zu Hause und in der Natur geübt wurde, stellt sich ein Gefühl ein, das auf kommende Ereignisse gut vorbereitet.*
Bei den meisten Sportlerinnen und Sportlern wird unter Druck, Nervosität oder Anspannung die Verbindung zum Boden geringer oder geht überhaupt verloren. Die Atmung verwandelt sich meist in eine flache Brustatmung und kann durch Fokus auf die Atmung nur langsam reguliert werden. Der Vorteil der Baumübung ist, dass die Verbindung mit dem Boden, die tiefe Bauchatmung, die Stabilität und das Vertrauen gleichzeitig und schnell aktiviert werden, ohne spezifisch darauf hinweisen zu müssen. Durch mehrmaliges Üben verankere ich alleine mit der Vorstellung oder dem Wort Baum die gewünschten Ziele.
  1. *Vorstellung eines Baums vor dem inneren Auge.*
  2. *Genaue Betrachtung in Farbe, Form, Geruch ... und die Überlegung, wie tief die Wurzeln in den Boden gehen.*
  3. *Ich bin dieser Baum.*
  4. *Atmung in die Tiefe der Wurzeln; alles abfließen lassen, was nicht zu mir gehört.*

5. *Verbindung über meinen Stamm und die Äste in die Luft, die Sonnen und den Kosmos und bewusstes Verfolgen meiner Atemströme.*
6. *Ich ruhe in meiner Mitte und vertraue mir und m e i ner Standhaftigkeit.*

Live-Coaching
Interventionen spontan und punktgenau
(von Michael Altenhofer
und Werner Schweitzer)

"Warte nie bist du Zeit hast,
denn dann könnte es zu spät sein."
Chinesisches Sprichwort

16) Live-Coaching

Interventionen spontan und punktgenau

Mit Spannung wurde beim 1. Wiener Kongress für mentale Stärke ein spezieller Workshop erwartet: Die beiden Kongressveranstalter und Mentalcoaches Werner Schweitzer und Michael Altenhofer konzipierten ein Setting, in dem interessierte TeilnehmerInnen spontan zum Coachee, also zum Coaching-Kunden, wurden. Ebenso spontan schlüpften die beiden Workshop-Leiter in die Rolle des Coaches und versuchten ein bis zwei wirksame Methoden anzuleiten, die gleichzeitig vom Coachee im Anschluss selbstständig angewendet werden konnten und auch für die anderen Teilnehmer einen interessanten Impuls darstellten.

Die Herausforderung war, praktisch ohne Vorbereitung eine passende Mentaltechnik zu finden, die den oben genannten Kriterien entspricht und natürlich auch einen unmittelbaren Nutzen für den Coachee liefert. Als Einleitung zu diesem Workshop wurde zuerst das Grobkonzept der Coachingmethode erklärt. Dieser Einstieg war als Orientierung für die TeilnehmerInnen auch wichtig. Denn speziell im Coachingbereich gibt es eine Vielzahl an Methoden und Beratungsansätzen. Erwartungsgemäß wurde dieser Workshop auch von unterschiedlichsten Coaches aus Österreich und Deutschland besucht, somit war das Methodenkonzept an sich bereits ein interessanter Programmpunkt.

Nachfolgend sollte auch hier in groben Zügen erklärt werden, wie diese Coachingmethode strukturiert ist und angewendet wird:

Als Grundannahme geht dieser Methode voraus, dass jeder Mensch als Individuum durch eigenes Denken, Fühlen und Handeln seine Ist-Situation eigenverantwortlich gestalten und verändern kann. Jede Intervention bezieht sich also ausschließlich auf den eigenen Handlungsspielraum. Beispielsweise durch die Veränderung seiner Einstellung zu bestimmten Umständen, durch eine Verstärkung zielführender Gefühle, durch eine höhere Fokussierung oder ganz allgemein formuliert, durch eine verbesserte Ressourcennutzung. Die Veränderung des Umfelds kann durch die Erlangung eines größeren Handlungsspielraums eine Folgewirkung sein, ist aber nicht die Hauptintention dieser Methode.

Die Mentaltechniken richten sich an die unterschiedlichen Wahrnehmungsebenen des Menschen: Die emotionale, die kognitive und die körperorientierte Ebene sind dabei die Hauptunterteilungen. Für jeden Bereich gibt es entsprechende Mentaltechniken, die mit Inhalten und Themen bestückt werden, welche zum Anliegen des Coachees passen. Insgesamt steht so eine Vielzahl solcher Techniken zur Verfügung, die von professionellen Mentalcoaches individuell kombiniert, adaptiert und angeleitet werden können.

In diesem Kapitel soll auf einige Beispiele näher eingegangen werden, die in diesem Workshop bearbeitet wurden. Die Anonymität der Coachees bleibt dabei gewahrt und die selbstständige Anwendung der Techniken für LeserInnen ist nur bedingt möglich. Bei näherem Interesse stehen die Autoren dieses Beitrags gerne zur Verfügung.

Die beiden Workshop-Leiter laden nach der Vorstellung der Coachingmethode die TeilnehmerInnen ein, sich durch ein passendes Thema in den Workshop einzubringen. Es meldet sich eine Mitarbeiterin einer Veranstaltungsagentur, die für Kunden dieses Unternehmens Aufträge abwickelt und im unmittelbaren Kundenkontakt steht. Fallweise kommt es vor, dass das Kundenfeedback kritisch ausfällt, was angesichts der Vielfalt und Komplexität ihrer Tätigkeit durchaus normal ist. Dennoch schafft sie es nicht immer, diese Kritik ausschließlich auf das entsprechende Projekt zu beziehen, sondern fühlt sich zum Teil persönlich verletzt. Ihr ist dabei klar, dass diese Wahrnehmung nicht vom Kunden bewusst so gesteuert wird, sondern eine subjektive Gefühlsempfindung ist, die in ihrer Verantwortung liegt. Somit eignet sich ihr Beispiel gut für diesen Workshop.

Die beiden Workshop-Leiter einigen sich schnell darauf, eine Technik anzuwenden, die sich an die inneren Persönlichkeitsanteile richtet. Unter Persönlichkeitsanteilen wird verstanden, dass jede Persönlichkeit aus vielen Teilaspekten besteht, die unterschiedlich stark und situationsabhängig wirken. In einem Coaching kann beispielsweise daran gearbeitet werden, in einer bestimmten Situation einen störenden Anteil durch einen anderen zu ersetzen, um zielführender handeln zu können. Auch kann die Wirkung dieser Anteile für persönliche Verletzungen oder auch Schutz verantwortlich sein. In diesem konkreten Fall wurde der verletzliche Anteil der Mitarbeiterin thematisiert, der in jedem Individuum seinen Platz einnimmt und beispielsweise für eine positive Ausstrahlung, für Sympathie und Liebenswürdigkeit verantwortlich ist. Rückt dieser Anteil zu sehr in den Hintergrund, ist eine gewisse Art der Verschlossenheit und Distanziertheit die Folge. Ist dieser Anteil aber zu präsent, kann das eine hohe Sensibilität und Verletzlichkeit zur Folge haben. Mit der Beschreibung dieses Anteils kann der Coachee sofort etwas anfangen. Im mentalen Coaching gibt es als Metapher die Vorstellung eines Bodyguards, der für den Schutz des verletzlichen Anteils zuständig ist. Um diesen Bodyguard zu aktivieren, stellt sich der Coachee mit geschlossenen Augen sein inneres Team vor und identifiziert den verletzlichen Anteil. Ein weiterer Anteil mit entsprechend starken und beschützenden Attributen übernimmt die Funktion des Bodyguards immer dann, wenn ein kritisches Kundenfeedback kommt. Ziel dieser Vorstellung ist, dass dadurch ihre Rolle als Ansprechpartner für den Kunden professionell bleibt, sie aber etwaige Kritik nicht mehr persönlich nimmt, da diese nun beim inneren Bodyguard abprallt. Da dieser Bodyguard nur in dieser speziellen Situation aktiv wird, hat dies keine Einbußen der positiven Attribute des verletzlichen Anteils zur Folge. Für den Coachee ist diese Übung sehr angenehm. Sie wird darauf hingewiesen, nun diese Vorstellung regelmäßig durchzuführen, um diese neue Konstellation in ihrem inneren Team zu festigen.

Als nächstes bringt eine Führungskraft eines mittelständischen Unternehmens ihre Situation in den Workshop ein. Er berichtet, in der Kommunikation mit einem bestimmten Mitarbeiter regelmäßig in Schwierigkeiten zu geraten. Ihm wird sehr aggressiv begegnet und er möchte einen Weg für einen besseren Umgang mit dieser Situation finden. Als Ursache für dieses aggressive Verhalten seines Mitarbeiters führt er an, dass dieser bis vor rund einem Jahr noch sein Vorgesetzter war und sich dies nun aber durch seinen Aufstieg im Unternehmen geändert hat.

Zuerst versuchen die Workshop-Leiter mit dem Coachee Ideen zu entwickeln, welches Bedürfnis hinter dem aggressiven Verhalten des Mitarbeiters stecken könnte. Es wird der Wunsch nach Anerkennung identifiziert. Der Führungskraft ist dieses Bedürfnis bewusst, räumt aber auch ein, dass in der Vergangenheit alle Versuche für eine höhere Anerkennungswahrnehmung des Mitarbeiters keine Veränderung seines aggressiven Verhaltens zur Folge hatte. In nächsten Schritt wird der Fokus am besseren Umgang der Führungskraft damit gelegt. Wie oben beschrieben, ist auch nur das die Intention der Coachingmethode. Gemeinsam mit dem Coachee wird folgende Lösungsmöglichkeit implementiert: Der Coachee visualisiert sich selbst als für Aggression durchlässigen Körper. Dadurch gelingt es ihm immer dann, wenn ihm Aggression entgegengebracht wird, diese ohne Wirkung durch ihn durchzulassen. Im Rahmen des Live-Settings hat der Coachee dies virtuell ausprobiert und als hilfreich empfunden. Die Effektivität dieser Übung erhöht sich durch eine möglichst kreative und fantasievolle Beschaffenheit der Vorstellung. Er wird es in Zukunft täglich 2- bis 3-mal üben und bei der nächsten betreffenden Situation anwenden.

Der nächste Fall, der sich gut für diesen Workshop eignet, wird von einer Teilnehmerin eingebracht, die sich kürzlich selbstständig machte. Seither erlebt sie kaum noch einen Unterschied zwischen Arbeitszeit und Freizeit und ist gedanklich bis spät in die Nacht mit ihrem jungen Unternehmen beschäftigt. Das kann so weit gehen, nur noch einen sehr unruhigen Schlaf zu bekommen, da sie auch nachts gewisse Themen nicht loslassen kann. Hier wird zuerst versucht die Frage zu klären, inwieweit sie diese Situation tatsächlich ändern möchte, da im Gespräch zu erkennen ist, dass sie durchaus auch einen Nutzen bzw. einen gewissen Lustgewinn aus dieser Situation zieht. Ihr wird aber auch bewusst, dass für eine hohe Lebensqualität eine Trennung zwischen Beruf und Privat wichtig ist und die einzelnen Bereiche auch davon profitieren können. Somit wäre es für sie sehr wünschenswert, eine Möglichkeit zu finden, wie sie eine solche Trennung vornehmen könnte. Im mentalen Coaching gibt es eine Vielzahl an Techniken, die eine Verbesserung der Abgrenzfähigkeit ermöglichen. Einige werden in diesem Workshop auch thematisiert. Besonders gut gefällt ihr die Idee, den Tag möglichst positiv abzuschließen, um dadurch das Gefühl zu bekommen, heute erfolgreich und produktiv gewesen zu sein. Wenn dieses Gefühl für sie erlebbar wird, fällt es ihr leichter, sich anderen Dingen zu widmen und ihre berufliche Tätigkeit mit einem zufriedenen Gefühl für heute abzuschließen.

Durch fünf bestimmte Fragen wird sie sich jeden Abend mit dem zurückliegenden Tag beschäftigen, um durch die Antworten ein zufriedenes Gefühl zu erlangen und den Wechsel in den Privatbereich zu erleichtern. Diese fünf Fragen verknüpft sie mit den fünf Fingern an einer Hand und berücksichtigt dabei auch die jeweiligen Anfangsbuchstaben. Somit wird diese Übung sehr einfach umsetzbar und rasch zu einem Ritual.

Hier die fünf Fragen im Überblick:
Daumen: Denkergebnis? Welche Idee oder welchen guten Einfall hatte ich heute?
Zeigefinger: Ziel(chen) erreicht? Welches große oder auch ganz kleine Ziel habe ich heute erreicht?
Mittelfinger: Mentalübungen gemacht? (z. B. die Beantwortung dieser Fragen)
Ringfinger: Richtig gemacht? Was habe ich heute wirklich gut und richtig gemacht? Spontane Entscheidung getroffen, oder eine Aufgabe einfach gut erledigt?
Kleiner Finger: Körpergeschenk? Was habe ich heute meinem Körper Gutes getan?

Die letzte Frage kann eine gute Gelegenheit für einen Übergang von der Berufsrolle in die Privatrolle sein. Zu Körpergeschenken zählen beispielsweise ein Restaurantbesuch, Friseur, Solarium, Fitnessstudio, Laufen gehen, Kosmetik und vieles mehr. Eventuell betrachtet sie eine dieser Aktivitäten als Belohnung für die vorangegangen Antworten? Dann wird diese Übung zu einem guten Ritual für den Wechsel in die Privatrolle. Alternativ kann sie diese Fragen auch erst am späten Abend stellen, wenn sich der Effekt eher auf den Tagesabschluss in seiner Gesamtheit richten soll, um sich so mit einem guten Gefühl von allen Aktivitäten zu lösen und einen entspannten Schlaf zu erleichtern.

Im nächsten Fall berichtet der Teilnehmer, ein Unternehmer, davon, dass er oft erst um 09:30 Uhr aufsteht und dann sehr unzufrieden ist mit sich und seiner geringen Disziplin. Nach einigen Nachfragen stellt sich heraus, dass dies besonders dann der Fall ist, wenn er den Abend davor bis 02:00 oder 03:00 Uhr in der Früh vor dem Fernseher verbracht hat. Auch darüber ist er nicht erfreut, da er dabei meist Serien mit nicht sehr wertvollem Gehalt ansieht. Obwohl er es nachher immer bereut, kommt es immer wieder vor. Im Laufe des weiteren Coachinggesprächs stellt sich heraus, dass dies die einzige Gelegenheit für den Coachee ist, abzuschalten und auszuspannen. Gemeinsam mit dem Coachee entwickeln die Workshopleiter Methoden, um schon während des Arbeitstages immer wieder 5 Minuten zu entspannen. Darüber hinaus werden dem Coachee Entspannungstechniken nach dem Ende des Arbeitstages empfohlen. Dadurch soll es ihm besser gelingen, ohne Fernsehprogramm bis in die Morgenstunden, den Tag zu beenden und als Folgewirkung wird es ihm auch besser gelingen, in der Früh rechtzeitig aufzustehen.

Der Workshop hat an Eigendynamik zugenommen. Viele Beispiele werden von den TeilnehmerInnen eingebracht und zum Teil von allen anwesenden Coaches diskutiert. Da die Atmosphäre sehr konstruktiv bleibt, entsteht ein Mehrwert sowohl für die spontanen Coachees als auch für die Coaches. Im Feedback berichten viele TeilnehmerInnen, dass dieser Workshop auch aus Zuhörerperspektive sehr interessant und nützlich war, da die erklärten Methoden in vielen alltägliche Situationen nun zum Einsatz gebracht werden können. Somit steht fest, dass dieser Workshop auch bei künftigen Kongressen angeboten werden sollte.

Auf viele interessierte TeilnehmerInnen freuen sich auch in Zukunft die Autoren dieses Beitrags

Werner Schweitzer und Michael Altenhofer

Meditation
(von Thomas Tschernitschek)

"Nicht dafür, dass wir lange leben,
müssen wir sorgen, sondern dass wir genug leben."
Seneca

17) Meditation

Die Meditation ist eine Jahrhunderte alte Technik, welche dazu dient Stress abzubauen, sich zu entspannen, körperliche und geistige Gesundheit zu erlangen, das Selbstvertrauen zu stärken und seinen Seelenfrieden zu finden. Meditationen führen zu gesteigerter Konzentrations- und Merkfähigkeit sowie zu mehr Kreativität. Die Meditation im herkömmlichen Sinn wird ohne Musik und nonverbal durchgeführt. Aus dem asiatischen Raum kennen wir aber auch Gehmeditationen oder Rezitationen. Die geführte Meditation oder auch die suggestive Meditation schaffen Vorstellungen, verpackt in Szenen, welche ausschließlich zum Zweck der Imagination entwickelt wurden. Dabei geht es auch um die Entleerung des Geistes und um die zielgerichtete Konzentration der Gedanken auf jene Dinge, die man erreichen möchte. So kann man beispielsweise in einer geführten Meditation, welche beim Fortschritt eines Zieles hilft, einen Berg erklimmen oder in einem dicht bewachsenen Wald seinen persönlichen Weg finden.

Die Reise hilft dabei, sich geistig an Leistung, Entspannung oder an Gebiete anderer Veränderungen bzw. des Wachstums zu orientieren.

Es gibt unterschiedliche Möglichkeiten zu meditieren. Sie können für sich allein ganz still meditieren, oder auch mit einem Partner lesen oder vorlesen. Sie können auch Ihre eigene Stimme auf Band aufnehmen und dieses wann immer Sie möchten abspielen.

Visualisieren kann man überall: im Flugzeug, im Wartezimmer eines Arztes, beim Spazierengehen, ja sogar an Ihrem Schreibtisch. Am Besten lassen sich jedoch Meditationen an einem ruhigen Ort ausführen, wo Sie nicht gestört werden und wo Sie sich entspannen können. Meditation funktioniert natürlich auch im Liegen mit geschlossenen Augen, im Sitzen mit verkreuzten Beinen und geradem Rücken.

Wichtig ist, dass Sie die Position wählen, die FÜR SIE am angenehmsten ist! Die beste Zeit um zu meditieren ist jene, die für Sie den besten Zeitraum darstellt.

Viele Menschen nutzen aufbauende Meditationen, um ihren Tag zu beginnen, oder auch beruhigende, stressabbauende Meditationen in der Mittagspause und entspannende kreative Suggestionen am Abend.

Gruppenmeditationen sind wunderbar geeignet, die Kreativität am Arbeitsplatz und auch die Gruppendynamik zu fördern. Selbst eine Gruppe aufgeregter und übermütiger Kinder kann durch eine Meditation (in diesem Fall verwenden wir das Wort „Fantasiereise") beruhigt werden.

Ein wichtiger Teil der geführten Meditation stellen die Pausen dar. Sie dienen dazu, wichtige Dinge ganz still wirken zu lassen. Die Dauer dieser Pausen hängt von der eigenen Erfahrung des Meditationsleiters ab. Oft werde ich gefragt:" Was passiert, wenn ich einschlafe?"

Nun, es gibt Menschen, die im Rahmen einer Meditation derart entspannen, dass sie annehmen, eingeschlafen zu sein. Dies passiert aber nicht. Man kann es wohl am besten damit ausdrücken, dass man sagt, der Körper schläft, aber das Unterbewusstsein ist wach. Die Musik kann die Meditation bereichern, vorausgesetzt, sie ist leise und enthält keine abrupten Veränderungen in Tempo und Klanghöhe.

Beim 1. Wiener Kongress für mentale Stärke im Juni 2012 wurde ich musikalisch auf einem „Hang" begleitet, welches ein ideales Instrument zur Meditation darstellt. Selbst das Spielen des Instruments hat bereits eine meditative Wirkung.

Einen wichtigen Teil in der Meditation stellt die Atmung dar. Es geht dabei um ruhiges, kontrolliertes Ein- und Ausatmen. Die meisten erwachsenen Menschen atmen mit ihrem oberen Brustkorb. Tiefes und entspanntes Atmen funktioniert jedoch am besten durch die Bauchatmung. Sie atmen durch Ihre Nase ein und Ihr Bauch bläht sich auf, beim Ausatmen zieht sich der Bauch zusammen und die Luft steigt sanft durch die Lungen hoch und zur Nase oder auch zum Mund hinaus. Es gibt Menschen, denen es schwer fällt zu visualisieren (veranschaulichen). Am leichtesten fällt Ihnen dies, wenn Sie zulassen, dass Ihr Verstand schöpferisch tätig ist und spielt. Es entstehen dabei Bilder. Haben Sie aber Geduld mit sich selbst. Visualisieren kann man trainieren. Am besten fangen Sie mit Objekten an, die Ihnen vertraut sind.

Stellen Sie sich eine Verkehrsampel vor. Die Lichter rot, gelb und grün.

Oder einen Raum in Ihrem Haus oder Ihrer Wohnung, einen Urlaubsort ...

Wenn Sie es nun schaffen dem Bild auch noch Farbe zu geben und Ihrem Verstand gestatten frei zu sein und durch die Bilder, die Sie schaffen zu streifen, dann sind Sie auf dem richtigen Weg.

Durch Übung werden Sie bald in der Lage sein, fantastische, imaginäre Szenen zu visualisieren und die gezielten Vorstellungen zu stimulieren und zu verschönern.

Genießen Sie die Meditation, die wunderbaren, lebendigen Bilder, die Verbesserung Ihrer Lebensqualität und die Fähigkeit, dieses wunderbare Werkzeug bei der Realisierung Ihrer Ziele und Wünsche wirken zu lassen.

Thomas Tschernitschek

Podiumsdiskussion
(mit Michael Altenhofer, Erika Kleestorfer, Sabine Koeszegi, Andreas Kutil, Werner Schweitzer, Doris Weyer)

„Zweck des Disputs oder der Diskussion soll nicht der Sieg, sondern der Gewinn sein."
Joubert

18) Podiumsdiskussion

„Mentale Stärke bringt auch im Beruf mehr Erfolg – nur eine These!"

Unter diesem Titel stand die Podiumsdiskussion am Abend des ersten Veranstaltungstages, die von Karriere-Ressortleiterin der Zeitung KURIER, Mag. Sandra Baierl, geleitet wurde.

Diskussionsteilnehmer aus den Bereichen Bildung, Coaching, Sport, Unternehmertum, Führung und Medien stellten sich den Fragen über die Wirksamkeit von mentaler Stärke. So unterschiedlich die Hintergründe der Diskussionsteilnehmer waren, so verschieden waren auch die Perspektiven, aus denen ein möglicher Nutzen betrachtet wurde.

Einigkeit bestand größtenteils aber darin, dass mentale Stärke an Bedeutung gewinnt und qualitativ hochwertige Beratungen stärker nachgefragt werden.

Welche mentalen Unterschiede zwischen Frauen und Männern eine berufliche Karriere beeinflussen können, wird ebenfalls ausgiebig thematisiert.

Nachfolgend können Sie die Fragen und Antworten nachlesen und so die verschiedenen Perspektiven der Diskussionsteilnehmer einnehmen und kennenlernen.

Mentale Stärke im Sport ist ein großes Thema: Welchen Faktor spielt mentale Stärke im Beruf?

Andreas Kutil:
„Es gibt im Business Alltag einige Themen, die auch in meiner Sportvergangenheit relevant waren. Diese Parallelen zu entdecken, an meinen eigenen Stärken und Herausforderungen zu arbeiten und daraus Kraft zu schöpfen sind sehr spannende Themen in meinem Arbeitsalltag. 1. Das eine ist, wenn du gut Golf spielen willst, musst du sehr fokussiert sein. Du musst zu 100% bei dir selbst sein und zu 100% auf das jeweilige Ziel fokussiert sein. Auch im Business ist es so, dass schlussendlich jene den Auftrag machen, die ganz genau wissen, welche 2 bis 3 Themen wollen Sie wirklich umsetzen. Was sind die 2 bis 3 Themen, die ich bei dem Verkaufsgespräch rüberbringen will. Wenn ich diesen Fokus setze, wenn ich mir das ganz genau überlege, dann ist die Wahrscheinlichkeit erfolgreich zu sein, ein Vielfaches höher.
2. Ein weiteres Thema, das für mich gerade im Verkaufsgespräch sehr oft der Fall war, ist, dass ich wie früher auch im Sport versuche, das Ergebnis für mich zu visualisieren, d. h. zurückzugehen und mir zu überlegen, wie könnte das Gespräch verlaufen. Mir die Abfolge des Gespräches vorzustellen, was wären denn mögliche Einwände bzw. Themen, die von Kundenseite dagegen sprechen könnten und so auch optimal auf das Gespräch vorbereitet zu sein.
3. Genauso wie im Sport halte ich im Business Vorbereitung für wahnsinnig wichtig. Im Sport musst du dich auf einen Wettkampf vorbereiten. Du musst auf die Ernährung achten, wie gehe ich auf den Wettkampf zu, bin ich ausgeschlafen etc. Das spielt auch im Business eine große Bedeutung. Bei

Kundengesprächen bin ich mindestens 15 Minuten vorher dort und gehe eine kleine Runde spazieren, überlege mir noch einmal, was sind die wichtigen Themen, die wir besprechen müssen. Das ist für mich zum Ritual geworden, wie das Sportler auch machen. Wenn ein Tennisspieler auf den Platz geht, ist jeder Handgriff 100% gleich. Das ist im Sport normal, im Business wird das jedoch von den wenigsten so gemacht. Ich bin jedoch überzeugt, dass gerade gute Vorbereitung und Rituale für eine starke Position im Gespräch im Business-Kontext eine Rolle spielen.
4. Auch bei der Nachbereitung sehe ich große Parallelen. Jeder Sportler analysiert nach dem Wettkampf, welche Elemente waren gut und was hat nicht so gut funktioniert und wie kann ich das das nächste Mal besser machen. Auch im Business ist es so, dass eine Verbesserung nur dann eintreten kann, wenn ich nach einem Kundengespräch rausgehe und reflektiere, was war gut und wo habe ich für das nächste Mal Verbesserungspotenzial, wie kann ich meine Haltung im Sinne von kontinuierlicher Verbesserung optimieren, um mich auf den nächsten Level zu bringen. Das ist in Produktionsunternehmen oftmals umgesetzt, bei Wissensarbeitern passiert da heutzutage jedoch relativ wenig. Das liegt möglicherweise auch am Alltagstrubel, der in den meisten Unternehmen herrscht, ich bin jedoch überzeugt, dass das ein wesentlicher Faktor zu echter Verbesserung ist. Gerade das ist sehr ähnlich wie im Sport und hängt mit der Kultur zusammen, wirklich immer noch einen Schritt weiter zu gehen.
Ich glaube, dass durch diese vier Aspekte (Fokussierung, Visualisierung sowie Vor- und Nachbereitung) so etwas wie eine innere Ausgeglichenheit, Sicherheit und Ruhe entsteht, was wiederum zu mehr mentaler Stärke für das nächstes Mal (ob Gespräch, Präsentation, o. ä.) führt. Da gibt es im Business noch ein großes Potenzial."

Doris Weyer:
„Mentale Stärke zeigt sich oft dann, wenn Menschen in unsicheren und/oder schwierigen Situationen ruhig und besonnen (weiter) agieren. Diesen Druck gilt es für mich vor allem als UnternehmerIn tagtäglich auszuhalten. Anders als in Konzernen oder anderen Formen der organisationalen Einbettung agieren wir Selbständige quasi ohne Netz. (Wobei selbstverständlich ähnliche und genauso schwierige Drucksituationen in Unternehmen entstehen können.) Mit einem Team von acht MitarbeiterInnen ergeben sich für mich beispielsweise zeitweise enorme Kostenbelastungen. Bei allem professionellen Management unterstützt durch Controllingtools geht es für mich vor allem darum, diese Situationen emotional auszuhalten und durch mentale Stärke, Sicherheit und Vertrauen auszustrahlen."

Erika Kleestorfer:
„Mentale Stärke ist natürlich grundsätzlich im Beruf ein Vorteil, in Zeiten der Krise aber eine dringende Notwendigkeit. Wenn ich in mir keine mentale Stärke habe, wie soll ich dann meinem Umfeld oder MitarbeiterInnen Stabilität, Kraft und Richtung geben?
Für mich zeichnet sich mentale Stärke durch innere Stabilität und ein hohes Maß an Reflexionsfähigkeit aus. Das bedeutet, in einer schwierigen Situation nicht gleich zu wanken, sondern in Ruhe zu analysieren. Ich erlebe häufig, dass Führungskräfte, die mit herausfordernden Situationen konfrontiert sind, sofort in Aktionismus verfallen. Die unmittelbare Folge ist, dass die ganze Abteilung oder Organisation um sich schlägt und zielgerichtetes Handeln dadurch blockiert wird. Sinnvoller wäre es, kurz innezuhalten, reflektieren und zu überlegen „was sollten sinnvolle nächste Schritte sein?". Hierfür bedarf es einer enormen mentalen

Kraft und Mut, denn ‚bevor ich nichts mache, mache ich irgendetwas' kommt schon häufig vor. Weniger ist bekanntlich oftmals viel mehr.
'Proper preparation prevents poor performance.'"

Werner Schweitzer:
„Der Begriff mentale Stärke kommt aus dem Spitzensport. In den letzten Jahrzehnten erkennen aber nicht mehr nur Sportler, dass ihre mentale Stärke letztendlich entscheidet, welche Ergebnisse sie erzielen. Viele verbinden aber mit mentaler Stärke nur die Begriffe „höher, weiter, schneller!" Die Frage ist: Geht es wirklich nur darum?
Ich bin überzeugt, dass für ein erfolgreiches Berufsleben genauso wie für eine erfolgreiche Sportkarriere mentale Stärke letztendlich entscheidend ist. Mentale Stärke entscheidet aber auch über die Qualität unserer Beziehungen, über unsere Gesundheit und über unseren Wohlstand."

Michael Altenhofer:
„Immer da, wo es Ziele gibt, ist mentale Stärke ein wesentlicher Faktor. Ein Ziel kann etwas Materielles sein, eine bestimmte körperliche Leistungsfähigkeit oder aber auch bestimmte Gefühle in bestimmten Situationen. Beispielsweise Begeisterung und Zufriedenheit im Beruf, Sicherheit in Gesprächen, Wertschätzung im Umgang mit anderen und vieles mehr. All das dient dazu, im jeweiligen Bereich erfolgreich zu werden. Wie Erfolg des Einzelnen definiert wird, hängt von der individuellen Zielsetzung ab.
Im Sport sind Ziele sehr klar und eindeutig: die bestmögliche Leistung für die bestmögliche Platzierung. Im Berufsleben werden Ziele immer wieder neu definiert und sind sehr oft weniger klar und eindeutig. Unter diesem Gesichtspunkt ist mentale Stärke hier noch wichtiger, da die Flexibilität hinsicht-

lich Zielklarheit eine zusätzliche Herausforderung darstellt. Wann ist man im Berufsleben erfolgreich und kann sich auch entsprechend fühlen? Auch dies ist sehr oft nicht so klar wie im Sport. Mentale Stärke kann in solchen Fällen zu wichtigen Erkenntnissen führen. Deshalb ist aus meiner Sicht mentale Stärke im Berufsleben mindestens genauso wichtig."

Wie agieren Menschen, die mental stark sind? Was machen sie anders? Können Sie Beispiele nennen?

Andreas Kutil:
„Selbstverständlich gibt es Unterschiede. Mentale Stärke im Berufsleben hat aus meiner Sicht viel mit den vorher genannten Themen zu tun. Personen, die sich entsprechend vorbereiten und ihre Fokuspunkte setzen und damit mit einer gewissen Ruhe und Gelassenheit agieren, werden mit mehr mentaler Stärke auftreten und letztendlich erfolgreicher sein. Aus meiner Sicht verändert sich mit diesen Aspekten auch die Lebensqualität in eine positive Richtung, da dadurch Burn Out und Überlastung verhindert werden."

Erika Kleestorfer:
„Sie sind berechenbarer und vorhersehbarer in Ihrem Verhalten. Sie drehen sich nicht mit dem Wind, sind selten launisch oder cholerisch, denn sie wissen ob ihrer Stärken und Schattenseiten. Das bedarf Auseinandersetzung und Tiefgang. Immer wieder. Lifelong learning and discovery."

Werner Schweitzer:
„Mental starke Menschen wissen sehr genau was ihnen wichtig ist und sind daher in der Lage, überlegt und gezielt

zu entscheiden. Sie bewahren auch in schwierigen Situationen die Ruhe, gehen mit Stress- Situationen souverän um. Sie lassen sich von Rückschlägen nicht entmutigen, sondern finden immer wieder neue Lösungsansätze. Wenn wir uns Ausnahmekönner, egal in welchem Bereich, anschauen, lässt sich eines auch immer wieder feststellen: Diese Menschen sind zu hundert Prozent fokussiert auf das, was sie tun. Das sind nur einige entscheidende Unterschiede, die durch mentale Stärke möglich werden. Mental starke Menschen kennen aber auch ihre Potenziale und auch ihre Fähigkeiten."

Michael Altenhofer:
„Die auffälligsten Attribute von mental starken Menschen sind wohl eine ruhige, gelassene Ausstrahlung, aber auch eine hohe Fokussiertheit bei allen Tätigkeiten. Weiters lassen sich mental starke Menschen nicht so schnell von Emotionen leiten und reagieren weniger reflexartig, sondern kontrolliert und souverän. Die Absage eines wichtigen Auftrages löst bei dem einen vielleicht lang anhaltende Niedergeschlagenheit und eine hohe Frustration aus, durch die sehr schnell alles in Frage gestellt wird und sich sogar Existenzängste breitmachen. Mental starke Menschen können damit besser umgehen, versuchen die Situation möglichst objektiv zu beurteilen, sehen sogar einen Nutzen und denken darüber nach, ob sie selbst etwas dazu beitragen können, eine solche Situation in Zukunft zu vermeiden.

Mental starke Menschen sind überdies auch freundliche Menschen, da sie ihren Gemütszustand weniger von äußeren Umständen abhängig machen, sondern sich bewusst für angenehme Gefühle entscheiden können."

Warum sind manche Menschen im Job mental stärker als andere? Ist das von Geburt an da oder trainiert? Hat das auch etwas mit körperlicher Fitness zu tun?

Andreas Kutil:
"Ich denke, dass ein Grundmaß an mentaler Stärke durchaus mitkommt. Vielleicht aus einem guten Elternhaus, vielleicht aus einer Reihe von Erlebnissen im Jugendalter. Ich denke, dass Jugendliche, die intensiv Sport gemacht haben, dass die vielleicht einen kleinen Vorteil haben. Definitiv kann man aber im Berufsleben auch sehr viel lernen und weiterbringen. Ich halte die körperliche Komponente für relevant, aber ich glaube nicht, dass es notwendig ist, sportliche Spitzenleistungen neben dem Berufsleben zu erbringen, das kann auch mental belastend sein. Es gibt auch Übergewichtige, die mental stark sind, daher glaube ich nicht, dass körperliche Fitness unbedingt eine Voraussetzung ist."

Erika Kleestorfer:
"Ich denke, dass es mit Förderung, Fokus und Interesse zu tun hat. Inwieweit wurden Talente in der Kindheit oder vom Chef/Chefin erkannt, gefördert und entwickelt und Interesse dafür geweckt. Ebenso hilft es, Geist, Körper und Seele in Balance zu halten. Körperlich Fitness ist die Basis, um auch geistig beweglicher zu bleiben."

Werner Schweitzer:
"Mentale Fähigkeiten sind vergleichbar mit anderen Fähigkeiten. Es gibt so etwas wie ein Talent. Das bedeutet, ein gewisser Anteil wurde uns mitgegeben. Meiner Einschätzung nach ist dieser Anteil jedoch sehr gering. Um wirkli-

che Meisterschaft zu erreichen, ist es wie überall anders auch. Um wirklich gut zu sein, ist konsequentes Training und Arbeit an sich selbst notwendig genauso wie in jedem anderem Bereich.

Körperliche Fitness ist sicher hilfreich, um mental stark durchs Leben zu gehen, aber nicht zwangsläufig notwendig. Häufig ist die Kausalkette umgekehrt: Menschen, die mental stark sind, achten auch auf ihre körperliche Fitness."

Michael Altenhofer:
"Die wahrscheinlichste Erklärung ist aus meiner Sicht, dass die mentale Stärke automatisch wächst, wenn eine Tätigkeit ausgeübt wird, die gut zu den persönlichen Talenten, Wünschen und Bedürfnissen passt. Wenn jemand sehr weit davon entfernt ist, dann würde mentales Training nur sehr wenig Sinn machen. Am häufigsten ist aber zu beobachten, dass Menschen zwar grundsätzlich das für sie Richtige tun, aber in manchen Teilbereichen Schwierigkeiten haben. Hier hat mentales Training den größten Nutzen, da dadurch das berufliche Schaffen noch weiter optimiert wird."

Wie wird man mental stark? Wie kann man sich das aneignen? Welche Strategien gibt es?

Doris Weyer:
"Aus meiner Sicht gilt es, sich immer wieder Herausforderungen zu stellen und nicht immer den leichten Weg zu wählen. Besonders wichtig scheint mir der Umgang mit Niederlagen zu sein. Sich diesen zu stellen und reflektiert damit umzugehen, kann eine Grundlage für mentale Stärke sein.

Erst das Wissen, dass man fähig ist, schwierige Situation zu meistern, bildet eine gute Basis für weitere Entscheidungssituationen. Angst kann dadurch reduziert und die Lust, sich auf neue Wege einzulassen, gesteigert werden.

Als Instrument, diese Themen vermehrt im beruflichen Alltag zu festigen, hat sich erfreulicherweise in den letzten Jahren Coaching, welcher Art auch immer, in den Unternehmen etabliert. Ich erlebe hier durchaus offene Führungskräfte und Geschäftsführer, die nicht nur bereit sind, hierfür Geld auszugeben, sondern diese Maßnahmen unterstützen und sogar bei ihren MitarbeiterInnen einfordern."

Erika Kleestorfer:
„Es braucht ein klares, realistisches Ziel, harte Arbeit, Auseinandersetzung mit sich selbst und anderen und ein hohes Maß an Konsequenz und Disziplin. Ähnlich wie im Sport. Ohne entsprechenden Einsatz und Willenskraft können keine Spitzenleistungen erbracht werden. Dies beinhaltet auch, sich gelegentlich mit unangenehmen Themen auseinanderzusetzen. Hinschauen, ehrlich sein, lösen.

Oftmals beobachten wir, dass sich Führungskräfte und MitarbeiterInnen in Organisationen zu viel gefallen lassen und nicht ausreichend auf die eigenen Grenzen achten. Ein englisches Sprichwort sagt: „It takes two to tango", soll heißen, dass immer zwei dazugehören: die einen, die über Grenzen steigen, und die anderen, die es zulassen. Achtsamkeit für sich selbst ist hier gefordert.

Viele Menschen haben ein hohes Selbstbewusstsein, d. h. sie sind sich ihrer selbst sehr bewusst. Sie wissen ob ihrer Bedürfnisse, was ihnen gut tut und Energie bringt, zeigen dann aber zu wenig Selbstrespekt oder Selbstachtung, dies auch zu leben. Oftmals fehlt ausreichend Berührung zu sich selbst. Still werden, nach innen gehen, um sich wahrzunehmen & zu spüren. Wir leben häufig im Außen, wollen gefallen und anerkannt werden. Wenig Zeit bleibt dann für die Aufmerksamkeit nach Innen. Was brauche ICH wirklich? Was will ich? Was tut mir gut? Wenn wir ehrlich hinterfragen, Bedürfnisse erkennen und auch respektieren und achten, steigt automatisch die mentale Stärke. Zufriedenheit stärkt. Innen wie Außen.

Das Ergebnis bin ich. Es beginnt bei mir. Bei meiner Einstellung, meinem Verhalten, meinem Tun. Nur daran werden wir gemessen. Nicht an Intentionen."

Werner Schweitzer:
„Um sich mental zu stärken, gibt es unterschiedliche Möglichkeiten. Die meisten Sportler vertrauen mittlerweile auf einen Mentalcoach, der sie unterstützt und ihnen Techniken und Methoden zeigt. Wie die meisten Dinge im Leben lernen wir auch diese Methoden schneller und effizienter, wenn wir dabei individuelle Unterstützung erhalten.

Es gibt aber gerade im Berufsleben viele Menschen, die sich mit Hilfe von Ratgeber-Lektüre mit dem Thema vertraut machen und sich dort die Punkte herausholen, die für sie sinnvoll sind. Das funktioniert im Einzelfall sehr gut, benötigt aber doch große Konsequenz und Disziplin.

Andere wiederum setzen auf Seminare. Insbesondere Themen, von denen mehrere Personen in sehr ähnlicher Form betroffen sind, können sehr effizient in der Gruppe bearbeitet werden.

Das Wesentliche ist die Beschäftigung mit sich selbst und dabei die Haltung eines Lernenden einzunehmen. Nur so gelingt es uns, uns in allen unseren Facetten besser kennen zu lernen."

Michael Altenhofer:
„Die wahrscheinlich wichtigste Voraussetzung ist die, den ehrlichen und brennenden Wunsch nach dieser Verbesserung zu entfachen und sich bereiterklären, etwas für diese Verbesserung zu tun. Ohne diesen Vertrag mit sich selbst, wäre vermutlich jede Intervention zwecklos. Wenn dieser Wunsch verinnerlicht wird, gibt es die unterschiedlichsten Herangehensweisen. Manche arbeiten mit einem Mentalcoach sehr gezielt und intensiv an bestimmten mentalen Fähigkeiten. Andere beschäftigen sich eher allgemein mit diesem Thema und versuchen, Inhalte aus Büchern und Vorträgen umzusetzen. Kleine Rituale im Alltag genügen bereits, um sich mental zu stärken: Menschen bewusst freundlich begegnen, einmal am Tag jemanden Anerkennung geben, sich selbst für etwas belohnen, bewusster an Erfolgserlebnisse denken, negative Gedanken möglichst unterbinden und versuchen, optimistisch zu bleiben. Viele einfache Strategien sind auch in unseren Alltag längst eingekehrt: zur Beruhigung einen Tee trinken, ein heißes Bad nehmen, spazieren gehen und vieles mehr. All diese Tätigkeiten begünstigen bereits unsere mentale Befindlichkeit und fallen unter die Kategorie triviale Mentaltechniken.

Wie intensiv im mentalen Bereich gearbeitet werden muss, ist natürlich je nach Ausgangslage und Zielsetzung abhängig. Danach sollte sich auch die Auswahl der Angebote richten."

Welche Karriereunterschiede gibt es zwischen Frauen und Männern?
Gibt es Unterschiede auch bei mentaler Stärke?
Womit stehen sich Mann/Frau bei ihren Karrieren im Weg?

Andreas Kutil:
„Ich glaube nicht, dass diese Frage pauschal zu beantworten ist. Es gibt sowohl mental starke Frauen als auch Männer. Es gibt jedoch sicher gesellschaftliche Unterschiede. Frauen trauen sich manche Bereiche der Wirtschaft nicht zu oder wollen sich diese nicht zumuten. Aus eigener Erfahrung weiß ich, dass Frauen beispielsweise tendenziell nicht in Verkaufsjobs gehen, sondern eher ins Marketing. Ein Grund könnte sein, dass Frauen sich eher im kreativen Bereich sehen und dort, wo es bei Verhandlungen auch manchmal ein bisschen härter zugeht, bewerben sich eher die Männer. Im Verkauf ist auch die direkte Messbarkeit der eigenen Leistung viel stärker gegeben und Männer sind wahrscheinlich eher bereit, sich diesem Wettbewerb zu stellen. Wenn Frauen Führungspositionen übernehmen, dann kann ich keinen Unterschied feststellen. Wahrscheinlich gibt es in vielen Unternehmen noch immer keine fairen Voraussetzungen, aber in vielen Fällen könnten Frauen auch ein wenig selbstbewusster aufzeigen, denn dann würden Sie auch häufiger in Führungspositionen kommen. Vielleicht wollen sie sich manche Positionen auch nicht zumuten. Meine Erfahrung ist, dass sie ruhig aufzeigen können, denn am Ende des Tages machen sie ihren Job genauso gut wie Männer."

Doris Weyer:
„Für mich als PersonalentwicklerIn ist das Frau-Mann Thema besonders interessant. Die aktuellen Forschungsergebnisse zu Unterschieden zwischen Frauen und Männer und deren teilweise diskriminierende Auswirkung im beruflichen Alltag bilden eine wertvolle Basis für notwendige Diskussionen. Weiterführend sollten wir uns zusätzlich immer mehr die Frage stellen: Wie müssen Strukturen in Unternehmen gebaut sein, um adäquat Frauen anzusprechen? Müssen z. B. Leistungsparameter in Unternehmen aussehen wie sie aussehen oder gibt es alternative Methoden? Müssen wir überhaupt Leistung messen? Ohne wirtschaftliche Rahmenbedingungen zu ignorieren oder aufheben zu wollen, geht es für mich um die spannende Frage: Wie können und wollen wir die Wirtschaftswelt zukünftig gestalten? Und v. a. wie können weibliche Aspekte mit männlichen Attributen kombiniert werden? Die Nutzung unseres gesamten mentalen Potenzials wird hier eine entscheidende Rolle spielen!"

Erika Kleestorfer:
„Hier kann ich nicht pauschal antworten. Ich kenne wunderbare Frauen, die mental extrem belastbar sind und viele Männer, die mentale Stärke zeigen. Jedoch erlebe ich immer noch häufiger bei Frauen, dass sie sich gewisse Jobs oder Aufgabenstellungen nicht gleich zutrauen. Sie unterschätzen ihr eigenes Potenzial und wollen es von Anfang an „perfekt" machen.
Wo ich einen Unterschied sehe ist bei zwischenmenschlichen oder persönlichen Problemen. Hier erlebe ich Frauen oft konsequenter, wenn es darum geht, das „Problem" anzusprechen und zu lösen
(z. B. das Alkoholproblem eines Kollegen, das alle seit 2 Jahren totgeschwiegen haben). Das Problem wird sehr wohl

adressiert, um eine Lösung für alle Betroffenen herbeizuführen – auch wenn es manchmal ein langwieriger Prozess bis dorthin ist.
Brene Brown, Ph.D. schreibt in ihrem Buch „The gifts of imperfection":
‚Owning our story and loving ourselves through that process is the bravest thing that we will ever do.´
Ich denke, eine wunderbare Basis für mentale Stärke."

Werner Schweitzer:
„Ich nehme Schach als Metapher für das Berufsleben her. Schach ist Sport, bei dem zwei Köpfe gegeneinander kämpfen. Körperliche Unterschiede sind nahezu vernachlässigbar. Das ist ähnlich wie in den meisten verantwortlichen beruflichen Positionen. Letztendlich geht es um die geistigen Fähigkeiten in einem spezifischen Bereich. Darüber hinaus ist hinlänglich erwiesen, dass es keine kognitiven Leistungsunterschiede zwischen Mann und Frau gibt. Um weiter beim Schach zu bleiben: Von der gesamten Anzahl der Schachspieler sind ca. 8 Prozent weiblich. Wenn wir die ersten 1.000 der österreichischen Schachrangliste betrachten, sind davon etwa 15 Frauen. Es stellt sich daher die Frage: Woher die signifikanten Leistungsunterschiede im Turnierschach kommen? Es kann aus meiner Sicht nur zwei Möglichkeiten geben, entweder liegt es an den gesellschaftlichen Strukturen oder es liegt an mentalen Aspekten.
Nach meiner Einschätzung spielen beide Faktoren eine Rolle. Genauso sehe ich das bei Führungskräften. Da es bei der Leistung keine Unterschiede gibt, kann es die Unterschiede nur einerseits bei den gesellschaftlichen Strukturen und andererseits bei mentaler Stärke geben, wobei hier natürlich auch Wechselwirkungen anzunehmen sind. Ich erlebe es beispielsweise immer wieder, dass Frauen sich wesentlich

weniger zutrauen als Männer, was natürlich eindeutig ein mentaler Aspekt ist, der jedoch durch gesellschaftliche Erwartungshaltungen beeinflusst wird.
Ich glaube dennoch nicht, dass diese Frage pauschal zu beantworten ist, da es viele Frauen gibt, die mental wesentlich stärker sind als Männer, zumeist legen Frauen jedoch mehr Wert auf andere Aspekte als Männer."

Michael Altenhofer:
„Als Coach und Seminarveranstalter habe ich die Erfahrung gemacht, dass Frauen den Nutzen von mentaler Stärke zur Bewältigung von Herausforderungen besser anerkennen als Männer. Mentale Stärke wird möglicherweise als Ausgleich von fehlender körperlicher Kraft angesehen. Ganz pauschal kann man das natürlich nicht sagen, aber aus meiner Sicht sind Frauen in sehr vielen Bereichen mental stärker als Männer und diese Fähigkeit wollen viele Frauen durch den Besuch von Seminaren und Coachings noch weiter ausbauen."

Sabine Koeszegi:
„Das Konzept der mentalen Stärke beruht auf der Vorstellung, dass das Training mentaler Fähigkeiten, eigener Leistungswille und Anstrengung zu (beruflichem) Erfolg führen. Ohne die durchaus positiven Aspekte dieses Zugangs in Abrede stellen zu wollen, ist es dennoch wichtig, auch auf strukturelle Rahmenbedingungen und Barrieren hinzuweisen, die Karrieren und beruflichen Erfolg von Männern und Frauen beeinflussen und damit die „Erfolgsaussichten" von mentaler Stärke relativieren.
Insbesondere anhand der unterschiedlichen Karriereverläufe von Männern und Frauen lässt sich zeigen, dass individuelle Anstrengung und Leistung nicht gleichzeitig zu beruflichem Erfolg, Aufstiegs- und Karrierechancen führen. Tatsächlich

ist es so, dass Frauen noch immer etwa ein Viertel weniger als ihre männlichen Kollegen für die gleiche Arbeit (und Leistung) verdienen, vorwiegend in Berufen mit geringerem Prestige und niedrigeren Lohnniveaus arbeiten (müssen) und ihre Aufstiegschancen in gut bezahlte Führungspositionen an der sogenannten ‚Gläsernen Decke' scheitern. Dieses Phänomen ist auch unter dem Schlagwort „Leaky Pipeline" bekannt geworden. Als Frauenrechtlerinnen in den 70er- Jahren darauf aufmerksam machten, dass es Frauen praktisch nicht in die obersten Führungsetagen schaffen, haben Entscheidungsträger und Politiker damit argumentiert, dass sie bisher noch nicht die geeignete Ausbildung für diese Jobs mitbringen. Wenn sie erst einmal die gleichen Qualifikationen wie Männer haben, sich also die Pipeline von unten auffüllt, löst sich das Problem auf den oberen Führungsebenen von selbst. Nach 40 Jahren Ausbildungsmarathon von Frauen, die mittlerweile europaweit deutlich mehr als 50 % der Absolventinnen und Absolventen aller Studienrichtungen ausmachen, hat sich die Zusammensetzung auf den mittleren und oberen Führungsetagen von Unternehmen, Universitäten und im öffentlichen Dienst wenig bis gar nicht verändert. Die Pipeline muss demnach löchrig sein.

Über Gründe dafür wird viel diskutiert und spekuliert. In den frühen Erklärungsansätzen suchte man die Ursachen für das Ausscheiden bei den Frauen selbst zu finden. Frauen würden vermehrt auf Familie setzen und sich im Zweifel lieber für Kinder als für eine Karriere entscheiden. Aber selbst wenn der eigene Kinderwunsch kein Thema ist, würden sich Frauen weniger für Führungspositionen ins Spiel bringen. Sie seien zu wenig aggressiv, trauten sich zu wenig zu und würden zu wenig fordern. Unter anderem wurde das sogenannte Hochstapler-Phänomen bei besonders erfolgreichen Frauen diagnostiziert. Demnach haben diese Frauen das

Gefühl, dass ihre bisherigen Erfolge auf Zufall und Glück zurückzuführen sind und nicht auf ihre eigenen Fähigkeiten und Leistungen. Sie befürchten ständig, von der Umwelt als Hochstaplerin enttarnt zu werden. Diese Furcht hemmt sie, selbstbewusst und energisch aufzutreten.

Obwohl das Hochstapler-Phänomen und mangelnde persönliche Motivation sicherlich individuelle Karriereentscheidungen von Frauen und Männern beeinflussen können, so greifen sie als Erklärungsansätze für unterschiedliche Karriereverläufe zu kurz und haben vor allem in der Vergangenheit zu problematischen Lösungsansätzen geführt. Da man vermutete, dass das Problem bei den Frauen selbst liegt, hat man als Antwort auf die Gläserne Decke begonnen, Frauen auf Führungsschulungen zu schicken, um sie selbstbewusster und aggressiver zu machen – mit mäßigem Erfolg bzw. kontraproduktiven Indikationen. Anstelle die eigentlichen Barrieren für Frauen aus dem Weg zu räumen, bekamen karrierebewusste Frauen auch noch das Label der aggressiven Macho-Frauen aufgedrückt. An der Gläsernen Decke bzw. der Leaky Pipeline hat sich trotz individueller Anstrengung von Frauen, ihrer exzellenten Ausbildung und einer Reihe von gesetzlichen Maßnahmen wie dem Gleichbehandlungsgesetz und dem Gender Mainstreaming wenig geändert.

Daher wird in der wissenschaftlichen Forschung in den letzten Jahren vermehrt nach strukturellen Barrieren und verdeckten Mechanismen zur Erklärung der Leaky Pipeline gesucht. Eine Vielzahl an Studien hat beispielsweise eindeutig nachgewiesen, dass Frauen in Personalauswahlverfahren systematisch diskriminiert und ihre Leistungen geringer bewertet werden als jene von Männern, was in weiterer Folge dazu führt, dass sie in der Regel mehr leisten müssen, um die gleichen Karrierechancen zu bekommen. Diese Erfahrungen stärken ein möglicherweise bereits in der Kindheit antrainiertes Hochstapler-Phänomen – Frauen erleben, dass sie sich deutlich mehr anstrengen müssen als ihre männlichen Kollegen, um das Gleiche zu erreichen. Aber das sind nicht die einzigen strukturellen Barrieren: Studien zeigen auch, dass Frauen in Unternehmen in der Regel die weniger prestigeträchtigen und vor allem stereotyp weibliche Aufgaben zugewiesen bekommen, die in weiterer Folge ihre Verdienst- und Aufstiegschancen reduzieren. Darüber hinaus müssen sie in der Regel den überwiegenden Teil der Kinderbetreuungs- und Haushaltsaufgaben bestreiten, was sich ebenfalls negativ auf ihre Karrieren auswirkt.

Es ist daher Vorsicht geboten, Frauen zu raten, sich durch mentale Stärke, Leistungswillen und Ausdauer noch mehr Leistungen abzuverlangen, um existierende strukturelle Barrieren und Diskriminierung auszugleichen. Gleichzeitig kann mentale Stärke Frauen aber in ihrem Kampf gegen Ungleichbehandlung unterstützen: Mentale Stärke beinhaltet das Vertrauen in die eigenen Fähigkeiten und Leistungen und ermöglicht damit das aktive Ankämpfen gegen Diskriminierung."

Nachwort

Was können wir von mentalen Konzepten mancher Spitzensportler lernen? Welche Erkenntnisse helfen uns aus der Hirnforschung? Und welche Coachingimpulse unterstützen uns auf dem Weg zu mehr Erfolg und Zufriedenheit? Antworten auf diese Fragen wurden von den Programmgestaltern in Vorträgen und Workshops angeboten. Das Feedback der BesucherInnen lässt darauf schließen, dass diese Angebote als wertvoll erachtet worden sind und wir dadurch eines der Hauptziele des Kongresses erreicht haben: die Steigerung der persönlichen Lebensqualität durch ein verbessertes Selbstmanagement.

Wie kann es nun weitergehen? Bewusstsein dafür zu schaffen, dass mentale Stärke für ein erfolgreiches Leben ein wesentlicher Faktor ist, ist ein erster, wichtiger Schritt. Zu erfahren, welche Methoden und Techniken die eigene mentale Stärke verbessern, ist der nächste Schritt. An diesem Punkt stehen wir nun am Ende dieses Buchs und blicken dabei auch auf den Wiener Kongress für mentale Stärke zurück. Diese Methoden auch anzuwenden, sie sogar als fixen Bestandteil der persönlichen Qualifikation zu erachten und diesen Bereich stetig zu verbessern, sollte eine weitere Entwicklung für ein gelingendes Leben sein. Und das betrachten auch wir als unseren Auftrag. Wir möchten Menschen dabei unterstützen, ein möglichst erfolgreiches und zufriedenes Leben zu führen und dies durch eine größere mentale Stärke zu erreichen.
Mentale Stärke durch qualitativ hochwertige Vorträge, Workshops und Coachings erlebbar und erlernbar zu machen, ist in unserer Doppelfunktion als Veranstalter und Coach der für uns beste Weg, ein attraktives Angebot in diesem Bereich zu

gestalten. Der Wiener Kongress sollte auch in Zukunft diese unterschiedlichen Settings vereinen, um möglichst kompakt einen maximalen Besuchernutzen zu erreichen. Die Qualität der Veranstaltung hängt aber natürlich vom großen Engagement der mitwirkenden Trainer, Vortragenden und Partnern ab, denen an dieser Stelle ein großes Dankeschön gilt!

Für eine bestmögliche Etablierung und Anerkennung des Nutzens von mentaler Stärke ist es nicht unwesentlich, welche Zielgruppen bei dieser oder auch anderen Veranstaltungen angesprochen werden. Dass mentales Training im Leistungssport an der Tagesordnung steht, ist unlängst bekannt. Aber wie sieht es in anderen, fordernden Bereichen aus? Beispielsweise im Berufsleben? Oder auch bei vielen privaten Themen? Unser Gehirn macht keinen Unterschied, in welchem Bereich wir gute Ergebnisse wollen. Gedanken wirken da wie dort entweder unterstützend oder blockierend. Einen Unterschied gibt es nur im Bewusstsein vieler Menschen, wo es Sinn macht, sich mit seinen Gedanken, also seiner mentalen Befindlichkeit, zu beschäftigen und die Möglichkeiten von mentalem Training zu nutzen. Deshalb ist es uns ein Anliegen, den Vorteil von mentaler Stärke auch in Zukunft in den unterschiedlichsten Lebensbereichen darzustellen. Gerade im wirtschaftlichen Bereich sehen wir einen großen Handlungsbedarf und auch viel Potenzial für größere Erfolge jedes Einzelnen. Der starke Zuspruch aus dem Wirtschaftsbereich bei dieser Kongress-Premiere zeigt uns auch, dass nicht zuerst Nachfrage durch Angebot erzeugt werden muss, sondern die Nachfrage bereits vorhanden ist. Wenn es heute gelingt, durch adäquate Angebote mentales Training für diese anspruchsvolle Zielgruppe attraktiv zu machen, wird ein wichtiger Beitrag für eine erfolgreichere Gesellschaft von morgen geleistet. Auch dieses Ziel soll in Zukunft beim Wiener Kongress weiterhin verfolgt werden.

All diese Überlegungen werden sich aber nur deshalb zu einem Nutzen entwickeln, weil es Sie gibt! Ob als LeserIn dieses Buchs oder auch als BesucherIn des Wiener Kongress, erst durch Ihr Interesse wird es möglich, den Nutzen von mentaler Stärke zu etablieren.
Deshalb gilt Ihnen ein besonderer Dank!

Wir freuen uns, Sie beim nächsten Kongress persönlich kennenzulernen! Bis dahin wünschen wir Ihnen mit den Inhalten dieses Buchs viel Erfolg und eine gute Zeit!

Ihre Kongressveranstalter

Werner Schweitzer und Michael Altenhofer

Autoren

Michael Altenhofer
Mentalcoach, dipl. Lebens- und Sozialberater

Michael Altenhofer ist Coach und Speaker für mentale Stärke. Seine Vorträge und Workshops werden von Unternehmen gebucht, um die Performance und Zufriedenheit der MitarbeiterInnen zu steigern. Durch Großveranstaltungen, wie dem Power- & Motivationstag und dem Wiener Kongress für mentale Stärke, zählt er zu den erfolgreichsten Mentalcoaches in Österreich. Der Oberösterreicher ist auch als Buchautor und Kolumnist tätig.

Kontakt:
www.erfolgsagentur.at
michael.altenhofer@mentalkongress-wien.at

Petra Baumgarthuber, MBA
Masterstudium Gesundheits- und Sozialmanagement, akadem. psychosoziale Gesundheitstrainerin (PSGT), Betriebliche Gesundheitsförderung, NLP-Practitioner, Entschleunigungsberatung sowie 30 Jahre wirtschaftliche Berufserfahrung (Verkauf, Personalmanagement, Marketing). Leitung eines Projektes, das im Rahmen der Betrieblichen Gesundheitsförderung mit dem OÖ. Gesundheitspreis 2011 ausgezeichnet wurde.

Kontakt:
office@baumgarthuber.at

Mag. Harald „Haris" Georgiopoulos Janisch
Sportwissenschafter – Psychosozialer Berater – Supervisor – Trainer – Coach

Lehrgangsleitung, Trainer und Referent für zertifizierte Lebensberaterausbildungen.
Univ. Lektor am ISPO (Uni Graz).
WKW Landessprecher der Wiener LebensberaterInnen. Mitglied des österreichischen LSB Bundesausschusses der Wirtschaftskammer Österreich.

Kontakt:
www.harisma.at
info@harisma.at

Stefan Kindermann
ist internationaler Schachgroßmeister und Mitbegründer der Münchner Schachakademie. Er hat an sieben Schacholympiaden und einer Weltmeisterschaft teilgenommen und ist Autor mehrerer Fachbücher sowie psychologischer Berater und Coach. Er hat gemeinsam mit Prof. Robert von Weizsäcker den Königsplan entwickelt und vermittelt dieses neue Konzept als Keynote Speaker und Seminarleiter.

Kontakt:
www.koenigsplan.de
info@koenigsplan.de

Mag. Dr. Erika Kleestorfer
ist Unternehmensberaterin und Trainerin. Ihre Arbeit ist geprägt von ihrem internationalen Background und dem Streben, Menschen sowie Organisationen bei ihrer individuellen Entwicklung prozessorientiert und praxisbezogen zu unterstützen. Unkonventionelles Arbeiten sowie neue Ansätze sind ihr dabei wichtig.

Kontakt:
www.kleestorfer.com
office@kleestorfer.com

Ronny Kokert
Ronny Kokert ist einer der erfolgreichsten Kampfsportler unserer Zeit. Dieser Weg war ihm nicht vorgezeichnet. Nach einer Knochenmarkserkrankung als Jugendlicher schien es für Sport in seinem Leben keinen Platz mehr zu geben. Doch Kokert überwand aus eigener Kraft  und mit dem unerschütterlichen Glauben an sich selbst sein Schicksal. Er wurde mehrfacher Taekwondo-Staatsmeister, US Open Medaillengewinner und später sogar Open World Champion. Shinergy entstand aus der jahrelangen Erfahrung im Spitzensport und der konsequenten Weiterentwicklung alter Weisheitslehren und Kriegskünste zur inneren und äußeren Vervollkommnung. Heute leitet Ronny Kokert ein Trainingszentrum in Wien, ist internationaler Management Coach und Lehrbeauftragter an der Universität Wien.

Kontakt:
www.shinergy.com
ronny.kokert@shinergy.com

Mag. Andreas Kutil
ist Managing Director von Kraft Foods Österreich und verantwortlich für Erfolgsmarken wie Milka, Jacobs oder Philadelphia. Seine Begeisterung für starke Marken und den Verkauf in Verbindung mit dem Erfolgsfaktor Mensch prägen Kutils Karriereweg und seinen Führungsstil.

Bernhard Moestl
entdeckte schon früh seine Liebe zum fernöstlichen Raum. Nach der Ausbildung zum Fotografenmeister arbeitete er als Fotograf, Journalist und Reiseleiter für Asien. Er ist als Trainer für Bewusstseins- und Motivationstraining tätig und gibt sein Wissen auch in Form von Büchern weiter, die in mehrere Sprachen übersetzt wurden. Bernhard Moestl ist u. a. Dozent am Institut für Bildwissenschaften der Donau-Universität Krems und Referent bei „Von den Besten profitieren".

Kontakt:
www.moestl.com
bm@moestl.com

Paul Lürzer, Msc
arbeitet seit 1992 als Management-Trainer & Dipl.-Coach mit Führungskräften und FachexpertInnen. Der Professional Certified Coach ist im Vorstand der ICF AUSTRIA und lehrt an der FH Salzburg als Lektor im Fachbereich HR.

Kontakt:
info@luerzer-training.at, www.luerzer-training.at

Mag. Gerhard Scheucher
lebt als Strategieberater in Wien und ist Autor mehrerer Sachbücher. In seinen letzten beiden Büchern „Die Kraft des Scheiterns" und „Die Aufwärtsspirale" geht er dem Phänomen des Scheiterns auf den Grund.

Kontakt:
www.gerhardscheucher.com
gs@gerhardscheucher.com

Beatrix Schwärzler
akad. Mentalcoach, Lebens- und Sozialberaterin arbeitet seit 20 Jahren als freie Theaterregisseurin im Bregenzerwald. Gründete das Provinztheater – ein freies und experimentelles Theaterensemble (Provinztheater.at)
Arbeitet als Mentalcoach erfolgreich mit Jugendlichen und Erwachsenen. Verbindet dabei auf einzigartige Weise sehr erfolgreich Mentalcoaching und Bühnenarbeit.

Kontakt:
www.diementalwerkstatt.at
beatrix@diementalwerkstatt.at

Dipl. Bw. Werner Schweitzer,
akademischer Mentalcoach, Lebens- und Sozialberater

Werner Schweitzer ist Unternehmensberater, Trainer, Coach und Speaker. Er arbeitet mit Top-Führungskräften und Sportlern, damit sie ihr Potenzial besser ausschöpfen können. Er ist Mentalcoach des österreichischen Schachnationalteams und begleitet die Spieler regelmäßig zu internationalen Wettkämpfen. Veranstaltungen wie der Wiener Kongress für mentale Stärke und die Erfolge seiner Kunden machen ihn zu einem gefragten Mentalcoach.

Kontakt:
www.mental-gewinnen.com
werner.schweitzer@mental-gewinnen.com

Thomas Tschernitschek
Wirtschaftscoach, Dipl. Mental- und Hypnosecoach, Humanenergetiker
Lizenzierter Coach der ICF und ECA
„Coaching ist die Wegbegleitung zu einem definierten Ziel.
Der Mensch wird in seiner einzigartigen Individualität
erkannt und sich selbst bzw. seiner Stärken bewusst gemacht. Er steht im Mittelpunkt und erkennt durch gezieltes Coaching die für ihn beste Lösung selbst."
Kontakt:
www.mit-tschernitschek.at
thomas.tschernitschek@aicg.at

Mag. Kristin Walzer
MentalTrainerin, Coach und Mutter

Studium der Pädagogik, Psychologie und Sportwissenschaft, Ausbildungstrainerin und Coach für NLP, Weiterbildungen in Systemischem Aufstellen, Hypnotherapie, Sportpsychologie, Yoga, Entspannungstechniken und in Altem Wissen aus Hawaii, Australien, Amerika und Indien.
Sie setzte 8 Jahre die erlernten Theorien als Geschäftsführerin von drei Golfanlagen um, seit 8 Jahren ist sie selbstständige Mentaltrainerin auf der europäischen Herren-Golf-Tour und der Ladies Tour. Dabei ist sie auch im Team von Österreichs langjährigem Nr.1-Golfer Markus Brier. Außerdem unterstützt sie als Coach Führungskräfte, Ärzte, Therapeuten, Moderatoren und Politiker.

Kontakt:
www.kristinwalzer.at
kristin@kristinwalzer.at

Dr. Doris Weyer
ist Unternehmerin und Personalentwicklerin. Sie begleitet Führungskräfte im Rahmen von Trainings und Coachings.
Mit ihrem Team unterstützt sie Unternehmen bei der Konzeption von Personalentwicklungsprogrammen.

Kontakt:
www.hrdiamonds.com
doris.weyer@hrdiamonds.com

Univ. Prof. Dr. Sabine Koeszegi
ist Leiterin des Fachbereiches "Arbeitswissenschaften und Organisation" des Instituts für Management-wissenschaften an der TU Wien. Sie ist akademische Direktorin am Entrepreneurship Center Vienna und Mitglied des Senats der TU Wien.

Prof. Dr. Dr. Manfred Spitzer
studierte Medizin, Psychologie und Philosophie und habilitierte sich anschließend für das Fach Psychiatrie. Zweimal war er Gastprofessor an der Harvard University. Er leitet die Psychiatrische Universitätsklinik in Ulm und das Transferzentrum für Neurowissenschaften und Lernen. Er hat zahlreiche Bücher veröffentlicht, darunter die Bestseller „Lernen", „Vorsicht Bildschirm!" und „Digitale Demenz". Manfred Spitzer ist einer der bedeutendsten deutschen Gehirnforscher.

Andrea Szekeres-Haldimann, lic.phil
ist ZRM-Trainerin (davon 9 Jahre Ausbildungstrainerin an der Universität Zürich), Organisationsberaterin und Coach bso mit den Schwerpunkten Motivation, Selbst- & Stressmanagement. Neben ihrer beraterischen Tätigkeit unterrichtet sie an diversen Fachhochschulen und Weiterbildungsinstituten in der Schweiz.

Kontakt:
www.andrea-szekeres.ch
info@andrea-szekeres.ch